AF311879

DE LA CORRÉLATION

DES FIGURES

DE GÉOMÉTRIE.

DE LA CORRÉLATION

DES FIGURES

DE GÉOMÉTRIE.

PAR L. N. M. CARNOT,

membre de l'Institut National.

DE L'IMPRIMERIE DE CRAPELET.

A PARIS,

Chez DUPRAT, Libraire pour les Mathématiques
quai des Augustins.

AN IX = 1801.

TABLE.

Objet de cet ouvrage. . . . . page 1

Distinction des divers systêmes de quantités , en systêmes *primitifs* et systêmes *corrélatifs*. Distribution des quantités en *directes* et *inverses*. 4

Le systême primitif est celui sur lequel sont établis les raisonnemens ; il ne peut contenir de quantités dites *inverses*, et les signes + et — n'indiquent jamais, dans les formules qui lui appartiennent, que des opérations exécutables. . 5

Il n'y a aucun changement de signes à opérer dans les formules du systême primitif pour les rendre immédiatement applicables à tous ceux qui sont avec lui en corrélation directe ; mais pour les systêmes qui n'ont avec ce systême primitif qu'une corrélation indirecte , il faut changer le signe des quantités qui se trouvent en sens inverse. . . . 14

On distingue ordinairement par les signes + et — les quantités prises en sens contraires les unes des autres ; mais il faut montrer alors qu'on a le droit d'opérer sur ces signes, de la même manière qu'on le fait, lorsqu'on n'emploie ces mêmes signes qu'à indiquer des additions et des soustractions. 24

En mathématiques, on rapporte toujours, au moins tacitement, l'objet qu'on veut considérer à un autre objet connu que l'on prend pour terme de comparaison : c'est ce que j'appelle systême primitif. 26

Un systême variable demeure toujours en corrélation directe avec le systême primitif aussi long-temps qu'aucune des quantités qui le composent ne passe ni par 0 , ni par ∞. 30

Pour rendre les formules du système primitif immédiatement applicables à tous les systêmes qui lui sont corrélatifs, il n'y a qu'à éliminer les quantités inverses ; c'est ce qui arrive lorsque les formules ne contiennent que des quantités élevées au quarré, ou que ces formules n'ont que deux termes.................................... page 34

Distinction de la corrélation de construction et de la corrélation de position. La première détermine les rapports des valeurs absolues dans divers systêmes corrélatifs. La seconde détermine la nature des signes qui doivent affecter ces valeurs.................................... 39

On propose de donner à l'énoncé des propositions de géométrie une forme technique, afin de les abréger et d'en rendre l'application plus facile.................... 51

P R O B L Ê M E Ier.

De la corrélation des sinus, cosinus, etc. qui correspondent aux arcs de toutes grandeurs...................... 57

Tableau général de corrélation des quatre systêmes de quantités angulaires qui répondent aux quatre quarts de la circonférence.................................... 69

Autre forme donnée au tableau précédent............ 75

Conséquences particulières tirées de ce tableau......... 80

P R O B L Ê M E I I.

Tracé d'une figure qui représente les principaux rapports existans entre les sinus et cosinus de deux angles proposés, les sinus et cosinus de leur somme, les sinus et cosinus de leur différence.. 84

Manière de ramener à un seul principe général et familier toute la théorie des quantités angulaires............ 95

Diverses conséquences particulières qui dérivent de la théorie précédente...................................... 97

P R O B L Ê M E I I I.

Trouver les rapports existans entre les trois côtés d'un triangle quelconque, les perpendiculaires menées des angles sur les côtés opposés, les segmens formés sur ces côtés et ces perpendiculaires, et enfin les angles résultans de cette construction.............................. page 101

Trois circonférences étant tracées dans un même plan, trouver une quatrième circonférence qui touche les trois autres..................................... 109

Propriété particulière des circonférences et des sphères qui se touchent ou sont en contact avec des droites ou des plans............................... 111

P R O B L Ê M E I V.

Trouver les rapports qui existent entre les côtés d'un quadrilatère, ses diagonales, les segmens et les angles qui en résultent............................... 117

Tableau général de corrélation des huit quadrilatères simples qui entrent dans la composition du quadrilatère complet..................................... 122

Formules techniques qui résultent de la théorie du quadrilatère................................... 127

P R O B L Ê M E V.

Trouver les rapports qui existent entre les côtés et les angles d'un polygone quelconque fermé................. 139

PROBLÊME VI.

Trouver les rapports qui existent entre les côtés et les angles d'un polyèdre quelconque...................... 167

Des corrélations complexes et des imaginaires......... 177

DE

DE LA CORRÉLATION

DES

FIGURES DE GÉOMÉTRIE.

1. Il existe entre les diverses parties de toute figure géométrique deux sortes de rapports, savoir : les rapports de grandeur, et les rapports de position. Les premiers sont ceux qui ont lieu entre les valeurs absolues des quantités ; les autres sont ceux qui expriment leurs situations respectives, en indiquant si tel point est placé au-dessus ou au-dessous de telle droite, à droite ou à gauche de tel plan, au-dedans ou au-dehors de telle circonférence ou de telle surface courbe, etc. Or, ce sont ces derniers rapports que j'ai particulièrement ici en vue.

2. Le mode que je me propose de suivre consiste à rapporter chaque figure dont on recherche les propriétés, à une autre figure dont les propriétés sont connues, et qu'on prend pour terme de comparaison ; puis à l'aide de caractéristiques particulières, et de l'arrangement systématique des lettres employées pour désigner les points qui déterminent les diverses parties de ces figures, on exprime les modifications qui les distinguent : c'est ce que j'appelle *établir la corrélation des figures*.

A

3. Quand les figures dont on recherche les propriétés sont compliquées, on les décompose en plusieurs autres figures plus simples, et l'on rapporte chacune de celles-ci à une figure connue prise pour terme de comparaison.

4. Avant d'entrer en matière, j'établirai une distinction très-importante pour ce que j'ai à dire dans la suite : cette distinction porte sur les mots *valeur* et *quantité*.

Par l'expression de *valeur*, j'entends en général toute espèce de fonction algébrique. Ainsi, a est une valeur absolue, $+a$ une valeur positive, $-a$ une valeur négative, $\sqrt{-a}$ une valeur imaginaire. Je réserve, au contraire, le nom de *quantité* pour désigner la chose même dont on recherche les propriétés ou sa valeur absolue, c'est-à-dire, abstraction faite du signe. Ainsi, en adoptant cette définition, il n'y a ni quantités positives, ni quantités négatives, ni quantités imaginaires. Toute *quantité* est un objet réel que l'esprit peut saisir, ou du moins sa représentation dans le calcul d'une manière absolue ; au lieu que les *valeurs* peuvent n'être que des formes algébriques, des quantités prises collectivement avec leurs signes : or, ces signes indiquent des opérations qui souvent ne sont point exécutables. Par exemple, $-a$ indique qu'il faut retrancher a de o, ce qui est absurde, puisqu'il n'y a rien au-dessous de o. Ces formes algébriques peuvent à la vérité être employées dans le calcul ; mais ce calcul n'offre de résultats intelligibles qu'autant que ces formes sont ramenées à des combinaisons qui peignent des objets réels, c'est-à-dire, à des formules ou fonctions dans lesquelles les opérations indiquées peuvent être réellement exécutées. On peut bien, dans un calcul, indiquer la soustraction d'une quantité à retrancher d'une autre quantité plus petite, mais on ne peut pas l'effectuer : cependant ce résultat, quoique absurde, étant exprimé algébriquement, peut, par des transformations, conduire à des résultats d'un autre genre, et qui n'indiquent plus que des opérations exécutables sur des quantités effectives. C'est alors seulement que ce résultat est véritablement significatif, et qu'on peut l'appliquer utilement à l'objet qu'on s'est proposé.

5. Lorsque les propriétés d'un système quelconque de quantités sont exprimées par des équations ou formules ramenées à cet état primordial dont on vient de parler, c'est-à-dire, tel, que toutes les opérations qui s'y trouvent indiquées par les signes peuvent être réellement effectuées, je l'exprime en disant que ces formules sont *immédiatement* applicables au système proposé, et je les nomme *formules explicites* à l'égard de ce système. J'appelle, au contraire, *formules implicites* à l'égard de ce même système, celles qui ne lui sont pas immédiatement applicables, c'est-à-dire, qui ne sont pas ramenées à cet état tel, que toutes les opérations qui s'y trouvent indiquées puissent être réellement effectuées.

6. Ainsi, le but qu'on doit remplir lorsqu'on a des formules implicites, pour en tirer les rapports réels des quantités, est de les ramener à des formules explicites par des transformations convenables et l'élimination des valeurs qui n'y représentent pas de véritables quantités.

7. Concevons maintenant un systême variable de *quantités* quelconques, tirées ou non de la Géométrie, et considérons ce systême dans deux états différens : l'un que je prends pour terme de comparaison, et que je nomme *systême primitif*; l'autre que je rapporte au premier, et que je nomme *systême transformé.*

8. Cela posé, la différence de deux quelconques des quantités du systême transformé, est dite *en sens direct*, ou simplement *directe*, lorsqu'en comparant ces deux quantités à leurs correspondantes dans le systême primitif, il arrive que celle des deux qui est la plus grande dans l'un des systêmes, correspond à celle qui est aussi la plus grande dans l'autre; et la plus petite du premier à la plus petite du second.

Au contraire, la différence de ces deux quantités est dite *en sens inverse*, ou simplement *inverse*, lorsque la plus grande dans l'un des systêmes correspond à celle qui est la plus petite dans l'autre ; et réciproquement, la plus petite à la plus grande.

9. Les deux quantités dont la différence est *en sens direct*, sont dites elles-mêmes *en ordre direct* ;

et celles dont la différence est en sens inverse, sont dites elles-mêmes *en ordre inverse*.

10. Mais on ne doit pas perdre de vue que, d'après les notions données ci-dessus, il ne s'agit jamais dans ces définitions que de véritables *quantités*, et non de ce que j'ai appelé *valeurs*. Ainsi, les différences dont on parle ne peuvent être prises qu'en retranchant celle de ces quantités qui est intrinsèquement la plus petite, et abstraction faite du signe dont la valeur peut se trouver affectée, de celle qui est intrinsèquement la plus grande; et par conséquent les différences en question sont toujours elles-mêmes de véritables quantités.

11. Soit pris pour exemple un triangle ABC (*fig.* 1re), sur la base $\overline{BC}$ duquel soit abaissée de l'angle opposé A une perpendiculaire $\overline{AD}$, que je suppose tomber entre les points B et C. Considérons la base $\overline{BC}$ avec ses deux segmens $\overline{BD}$, $\overline{CD}$, et concevons que le point C se meuve vers le point B, jusqu'à ce qu'il ait passé le point D. La base $\overline{BC}$ est donc variable, ainsi que le segment $\overline{CD}$, tandis que l'autre segment $\overline{BD}$ est constant.

Cela posé, prenons pour terme de comparaison la figure primitive, composée du triangle ABC et de la perpendiculaire $\overline{AD}$; et pour système transformé, cette même figure, après que le point C se sera rapproché du point D, sans cependant être arrivé jusqu'à lui. Il est évident qu'alors, tant dans le systême primitif que dans le systême transformé, on aura toujours $\overline{BC} > \overline{BD}$; donc leur différence $\overline{CD}$ sera toujours de celles que j'ai nommées *directes* ou *en sens direct ;* et ces quantités elles-mêmes, $\overline{BC}$, $\overline{BD}$, sont de celles que j'ai nommées *quantités en ordre direct.*

Prenons ensuite pour systême transformé la même figure considérée lorsque le point C a passé au-delà du point D; le systême primitif restant le même, il est clair qu'alors on aura $\overline{BD} > \overline{BC}$: donc leur différence $\overline{CD}$ sera devenue de celles que j'ai appelées *inverses* ou *en sens inverse ;* et les quantités $\overline{BC}$, $\overline{BD}$, sont de celles que j'ai nommées *quantités en ordre inverse.*

12. Lorsqu'on dit de deux quantités, qu'elles sont *en ordre direct* ou *en ordre inverse ;* ou bien d'une quantité quelconque, qu'elle est *en sens direct* ou *en sens inverse ,* c'est par-là même rapporter, au moins implicitement, le systême auquel appartiennent ces quantités, à un autre systême pris pour terme de comparaison ou pour systême primitif, sans qu'il soit nécessaire de l'énoncer expressément.

13. J'appellerai en général *systémes corrélatifs* tous ceux qu'on peut rapporter à un même systême primitif; c'est-à-dire, tous ceux qu'on peut considérer comme les différens états d'un même systême variable qui se transforme par degrés insensibles.

14. Pour que deux systêmes soient *corrélatifs*, il n'est pas nécessaire qu'ils soient liés entre eux, c'est-à-dire, qu'ils soient réellement les diverses transformations d'un même systême primitif; il suffit qu'ils puissent être considérés comme tels, c'est-à-dire, être ramenés l'un à l'autre, au moyen d'une mutation que l'on imagineroit s'opérer par degrés insensibles. Les quantités qui se correspondent dans les deux systêmes corrélatifs, seront pareillement nommées *quantités corrélatives*.

15. Si deux systêmes corrélatifs de quantités sont tels, qu'on puisse leur appliquer exactement un même raisonnement, ou une série de raisonnemens absolument semblables; je dirai, eu égard à cette même série de raisonnemens, qu'ils sont entre eux *en corrélation directe* ou *directement corrélatifs*. Mais si ces raisonnemens cessent d'être littéralement les mêmes, je dirai que ces systêmes n'ont entre eux qu'une *corrélation indirecte*, ou qu'ils sont entre eux *indirectement corrélatifs*.

16. D'où il suit évidemment que si deux systê-mes proposés sont en corrélation directe, eu égard à une série quelconque de raisonnemens, et que le résultat de ces raisonnemens soit pour l'un de ces systêmes une certaine formule qui lui soit immédia-tement applicable, cette même formule sera aussi immédiatement applicable à l'autre systême; c'est-à-dire, que pour appliquer immédiatement à celui-ci la formule trouvée pour le premier, il n'y aura

d'autre changement à faire que d'y substituer, à la place des valeurs absolues qui y entrent, les valeurs correspondantes de l'autre systême , sans aucun changement dans les signes de la formule.

17. Par exemple , dans le systême primitif A B C D, déjà considéré (*fig.* 1re), je puis faire ce raisonnement :

Le triangle rectangle A B D donne

$$\overline{A\,B}^{2} = \overline{B\,D}^{2} + \overline{A\,D}^{2},$$

et le triangle A C D donne

$$\overline{A\,C}^{2} = \overline{C\,D}^{2} + \overline{A\,D}^{2}.$$

Otant cette seconde équation de la première , il reste

$$\overline{A\,B}^{2} - \overline{A\,C}^{2} = \overline{B\,D}^{2} - \overline{C\,D}^{2}.$$

De plus , on a

$$\overline{B\,D} = \overline{B\,C} - \overline{C\,D}.$$

Substituant cette valeur de $\overline{B\,D}$ dans l'équation précédente , on aura

$$\overline{A\,B}^{2} - \overline{A\,C}^{2} = \overline{B\,C}^{2} - 2\,\overline{B\,C} \cdot \overline{C\,D}.$$

Il est clair que ce raisonnement est applicable, littéralement et dans son entier, au systême transformé, tant que le point D est placé entre B et C : donc la formule précédente est immédiatement applicable à tous les cas, tant que $\overline{C\,D}$ est en sens direct.

Lorsque C aura passé le point D , la première partie du raisonnement aura encore lieu, mais non la seconde, puisqu'on n'aura plus comme précédem-

ment $\overline{CD} = \overline{BC} - \overline{BD}$, mais au contraire......
$\overline{CD} = \overline{BD} - \overline{BC}$; c'est-à-dire, que $\overline{CD}$ sera devenue inverse. Aussi l'équation finale sera-t-elle
pour ce cas

$$\overline{AB}^2 - \overline{AC}^2 = \overline{BC}^2 + 2\,\overline{BC} \cdot \overline{CD},$$

laquelle diffère de celle trouvée pour le premier cas
par le signe qui affecte le second terme du second
membre, ce signe étant — pour le premier cas, et
+ pour le second.

18. Voyons donc ce qui a lieu en général, d'abord
tant qu'il n'entre dans les formules que des quantités directes, et ensuite ce qui arrive lorsqu'on vient
à y introduire une ou plusieurs quantités inverses.

Soient M , N , deux quelconques des quantités du
systême primitif; m, n, les quantités correspondantes du second systême. Cela posé, d'après la définition, tant que ces deux systêmes demeureront
directement corrélatifs, m , n, joueront, dans les
formules de ce second systême, le même rôle exactement que leurs correspondantes M, N, dans le
premier.

De plus, en supposant $M > N$, par exemple, si
l'on a pareillement $m > n$, ces dernières quantités
seront *en ordre direct*, et leur différence $m - n$
en sens direct; c'est-à-dire, que si l'on nomme P la
différence des deux premières M, N, et p la différence des deux dernières m, n, cette quantité p sera
une quantité directe.

Or, puisque $M > N$ et $m > n$, nous aurons

$$\mathrm{P} = \mathrm{M} - \mathrm{N} \quad \text{et} \quad p = m - n,$$

ou $\qquad \mathrm{M} = \mathrm{N} + \mathrm{P} \quad \text{et} \quad m = n + p.$

Substituons dans les formules dont nous venons de parler ces valeurs respectives de M et m. Il est clair que ces formules, qui étoient semblables avant la transformation, le seront encore après, puisqu'à la place des quantités correspondantes M, m, qui y jouoient le même rôle, on aura substitué des valeurs N + P, $n + p$, qui sont encore de mêmes formes.

Donc, tant qu'on n'introduira dans le calcul que des quantités directes, les formules correspondantes dans le systême primitif et dans le systême transformé, resteront semblables entre elles, parce qu'en effet les nouveaux raisonnemens qu'on aura ajoutés aux premiers, c'est-à-dire, à ceux qui avoient fait trouver les formules, auront encore été exactement les mêmes de part et d'autre.

19. Voyons maintenant ce qui arrivera si l'on introduit dans le calcul une quantité inverse.

Supposons donc qu'ayant toujours $\mathrm{M} > \mathrm{N}$, on ait au contraire $m < n$; c'est-à-dire, que ces dernières soient en ordre inverse à l'égard des premières. Leur différence p ne sera donc plus $m - n$, comme auparavant, mais $n - m$; c'est-à-dire, qu'elle sera devenue inverse, et qu'on aura pour ce cas, d'une part,

$$\mathrm{P} = \mathrm{M} - \mathrm{N},$$

et de l'autre, $\qquad p = n - m,$

ou $\qquad \mathrm{M} = \mathrm{N} + \mathrm{P} \quad \text{et} \quad m = n - p.$

Substituons ces valeurs respectives de M et *m* dans les formules correspondantes, jusqu'alors semblables pour les deux systêmes ; elles cesseront de l'être après cette substitution : car dans l'une on aura mis N + P à la place de M, et dans l'autre *n—p* à la place de *m*. Il y aura donc cette différence entre les nouvelles formules, que les valeurs correspondantes P, *p*, s'y trouveront affectées de signes contraires. Donc, pour passer des formules du systême primitif à celles du système transformé, il ne suffira plus, comme auparavant, de substituer dans les premières, aux valeurs absolues qui y entrent, les valeurs correspondantes de l'autre systême; il faudra de plus changer le signe de la valeur de la quantité inverse *p*.

Et comme on peut appliquer le même raisonnement à toutes les autres quantités inverses, il est clair qu'on peut établir ce principe général :

20. *Pour rendre les formules d'un systéme quelconque de quantités, immédiatement applicables à un autre systéme qui lui soit corrélatif, il faut, 1°. établir la corrélation des valeurs absolues, en substituant, pour chacune de celles qui appartiennent au systéme primitif pris pour terme de comparaison, la valeur absolue qui lui correspond dans l'autre systéme ; 2°. établir la corrélation des signes, en changeant dans les formules le signe de chacune des valeurs dont les quantités se trouvent en sens inverse dans le second systéme ; et laissant, au contraire, à chacune des autres le*

signe qu'a sa correspondante dans le systéme pri-mitif.

21. Le nouveau signe que recevra ainsi chaque valeur sera nommé *signe de corrélation* de cette valeur; et cette valeur prise collectivement avec son signe de corrélation, sera appelée *valeur de corrélation* de la quantité que représente la valeur absolue. Ainsi, en supposant que P soit la valeur absolue de l'une quelconque des quantités du systême primitif, p la valeur absolue de la quantité correspondante dans le systême transformé : si cette dernière quantité est inverse, — sera le signe de corrélation de p, et — p sera la valeur de corrélation de la quantité représentée par p.

22. Puisque, d'après ces définitions, le signe de corrélation d'une valeur quelconque est celui qu'elle doit prendre lorsqu'on veut rendre immédiatement applicables à un systême transformé dont elle fait partie, les formules du systême primitif, il suit évidemment du principe démontré ci-dessus, que la valeur de toute quantité qui reste directe dans le systême transformé, a + pour signe de corrélation, et que réciproquement toute quantité du systême transformé dont la valeur a + pour signe de corrélation, est directe; que pareillement la valeur de toute quantité qui devient inverse dans le systême transformé, a — pour signe de corrélation; et que réciproquement toute quantité du systême transformé dont la valeur a — pour signe de corrélation, est inverse.

23. Lorsque dans deux systêmes corrélatifs à un même système primitif, il arrive que les valeurs de deux quantités correspondantes ont le même signe de corrélation, nous disons qu'elles sont *entre elles en corrélation directe*, quand même ce signe de corrélation seroit —, parce que si l'on prenoit, comme on en est toujours le maître, l'un de ces systêmes pour terme de comparaison ou systême primitif, le signe de corrélation de l'autre redeviendroit + ; car les deux quantités correspondantes en question sont bien l'une et l'autre inverses à l'égard du systême pris actuellement pour terme de comparaison ; mais elles sont en sens direct l'une à l'égard de l'autre.

24. Si deux systêmes corrélatifs sont regardés comme un seul et même systême variable dans deux positions différentes ; tel que seroit, par exemple, le systême des coordonnées d'une même courbe : les quantités corrélatives étant alors représentées par les mêmes lettres, par exemple, les abscisses par x, et les ordonnées par y ; le premier objet du principe énoncé ci-dessus (20) se trouvant rempli , il n'y auroit plus, pour rendre immédiatement applicables à l'un des systêmes les formules trouvées pour l'autre, qu'à remplir le second objet du principe ; c'est-à-dire, à établir la corrélation des signes. Donc

25. *Pour rendre immédiatement applicables à un systéme de variables , lorsqu'il est parvenu à une situation quelconque déterminée, les for-*

mules trouvées pour une autre situation du même système, il suffit d'y changer le signe de chacune des variables, qui, par la mutation du système, sont devenues inverses.

26. Mais comme il est indifférent pour le résultat de changer le signe d'une valeur quelconque, au commencement, au milieu ou à la fin, on pourra, comme c'est l'usage, pour l'uniformité et la simplicité des calculs, n'employer, pour le système considéré dans toutes les positions possibles , que les seules formules du système pris pour terme de comparaison, pourvu que dans les applications qui en seront faites, on change le signe de chacune des valeurs des quantités qui, dans chaque cas particulier, seront en sens inverse.

27. Lorsque, pour rendre les formules du système primitif, immédiatement applicables au système transformé, on a opéré le changement des signes, les formules ainsi changées deviennent évidemment pour le système transformé lui-même, ce qu'elles étoient avant le changement pour le système primitif ; c'est-à-dire , *explicites*, par rapport à ce nouveau système. Ainsi, en général,

1°. Dans les formules du système primitif, les signes $+$ et $-$ n'indiquent que des additions et soustractions exécutables sur les quantités absolues dont ils affectent les valeurs.

2°. Il n'y a aucun changement de signes à opérer dans les formules du système primitif, pour les rendre immédiatement applicables à tous ceux qui sont avec lui en corrélation directe.

3°. Pour que les formules du système primitif deviennent immédiatement applicables à un autre système quelconque, qui lui soit indirectement corrélatif, il faut changer dans ces formules, le signe de chacune des valeurs, appartenantes aux quantités qui deviennent inverses dans le système corrélatif.

28. On voit par-là qu'ayant des formules immédiatement applicables à un système quelconque de quantités, si l'on vient à changer le signe d'une ou plusieurs des valeurs qui y entrent, elles cesseront d'être immédiatement applicables au même système; que le nouveau système pour lequel elles peuvent devenir explicites, est en corrélation indirecte avec le premier; et que, pour le trouver, il faut , parmi tous les systêmes corrélatifs possibles, chercher celui auquel satisfont les changemens opérés dans les signes ; c'est-à-dire , celui auquel les formules , ainsi modifiées, pourront être immédiatement applicables.

29. Mais il pourroit se faire qu'aucun système transformé ne pût satisfaire au changement opéré dans les signes : dans ce cas, le nouveau système ne seroit ni directement ni indirectement corrélatif avec le système primitif : néanmoins il conserveroit avec lui une sorte de corrélation que je nomme *complexe* ; et de-là naît la notion des imaginaires, dont je remets à parler à la fin de cet écrit.

30. Puisque pour rendre les formules du systéme primitif immédiatement applicables à un système transformé, où il entre une quantité inverse, il est nécessaire de changer le signe de sa valeur, il suit que, réciproquement, si prenant pour inconnue dans ces formules, cette quantité inverse, on tire sa valeur; ce qu'on obtiendra, en résolvant l'équation, ne sera pas la valeur même cherchée, mais cette même valeur affectée du signe négatif; car n'ayant pas changé le signe de cette valeur dans les formules primitives, il faut absolument le changer dans le résultat pour qu'il soit exact, c'est-à-dire, immédiatement applicable au systême transformé (26).

31. En supposant donc qu'on ignorât d'abord si la quantité cherchée étoit directe ou inverse, on conclura qu'elle est nécessairement de cette dernière classe, puisque sa valeur est négative; c'est-à-dire, que le systême auquel elle appartient n'a, avec le systême primitif, qu'une corrélation indirecte, et que, pour connoître ce nouveau systême, il faut, parmi tous les systêmes corrélatifs possibles, chercher celui auquel pourront satisfaire immédiatement les formules du systême primitif, après qu'on y aura changé le signe de la quantité reconnue inverse.

32. Il suit de-là que si en résolvant un problême, on trouvoit pour l'inconnue une valeur négative, ce seroit une preuve que ce problême n'auroit pas

été

été mis exactement en équation, parce qu'on auroit supposé le système autre qu'il n'est réellement ; c'est-à-dire, qu'on auroit pris, au lieu du véritable système sur lequel le raisonnement doit être établi, un autre système qui n'a avec le premier qu'une corrélation indirecte ; que, pour rectifier ces équations et trouver le véritable système auquel se rapporte la question, il faut, dans toutes celles par lesquelles on est parvenu au résultat trouvé, et dans ce résultat lui-même, changer le signe de l'inconnue, et voir quel est le nouveau système auquel ces équations et ce résultat deviennent immédiatement applicables par ce changement. Ce nouveau système et les équations ainsi rectifiées, donneront la solution du problême proposé.

33. Soit proposé, par exemple, de trouver le segment $\overline{CD}$ dans le triangle A BC (*fig.* 1re), en supposant les trois côtés connus, et tels qu'on ait $\overline{AC} = \overline{BC} = \frac{2}{3}\overline{AB}.$

Comme nous ignorons encore si le point C doit se trouver placé entre B et D, ou si c'est le point D qui doit se trouver entre B et C, établissons d'abord le calcul dans cette dernière hypothèse.

Nous aurons (17)

$$\overline{AB}^2 - \overline{AC}^2 = \overline{BD}^2 - \overline{CD}^2.$$

De plus, puisque nous raisonnons dans l'hypothèse que le point D est placé entre B et C, nous aurons

$$\overline{BD} = \overline{BC} - \overline{CD}.$$

B

Donc $\quad \overline{BD}^2 = \overline{BC}^2 + \overline{CD}^2 - 2\,\overline{BC}.\overline{CD}$;

substituant dans l'équation précédente, on aura

$$\overline{AB}^2 - \overline{AC}^2 = \overline{BC}^2 - 2\,\overline{BC}.\overline{CD},$$

ou, à cause de $\overline{AC} = \overline{BC} = \frac{1}{2}\overline{AB}$, on aura, en réduisant,

$$\overline{CD} = -\frac{1}{12}\overline{AB} ;$$

c'est-à-dire, que le calcul donne pour l'inconnue $\overline{CD}$, une valeur négative. Donc le problème n'a pas été mis exactement en équation, parce qu'on a établi le raisonnement sur un système autre qu'il n'est réellement. Il faut donc rectifier les équations en changeant dans celles qui nous ont conduits au résultat trouvé, et dans ce résultat, le signe de $\overline{CD}$, et voir à quel nouveau système ces équations et ce résultat se trouveront être immédiatement applicables.

Or, par ce changement, l'équation qui étoit $\overline{BD} = \overline{BC} - \overline{CD}$, devient $\overline{BD} = \overline{BC} + \overline{CD}$, laquelle ne peut avoir lieu sans que le point C ne se trouve placé entre B et D. Donc le système auquel satisfait le changement de signe de $\overline{CD}$, c'est-à-dire, le véritable système sur lequel on devoit établir le raisonnement, diffère de celui que nous avons choisi, en ce que le point cherché C est entre B et D, au lieu d'être, comme nous l'avions supposé, au-delà du point D. Changeant donc également le signe de $\overline{CD}$ dans le résultat ou l'équation finale.........

$\overline{CD} = -\frac{1}{12}\overline{AB}$ que nous avions trouvée, on aura

$$\overline{CD} = \frac{1}{12}\overline{AB}.$$

Donc la véritable valeur de l'inconnue $\overline{CD}$ est $\frac{1}{12}\overline{AB}$, et le véritable système sur lequel on doit établir le raisonnement pour la trouver, est celui des droites $\overline{AB}$, $\overline{AC}$, $\overline{BC}$, $\overline{BD}$, $\overline{CD}$, combinées de manière que le point C soit placé entre B et D. Et en effet, si l'on recommence le calcul dans cette dernière hypothèse, on trouvera pour $\overline{CD}$ la valeur positive $+\frac{1}{12}\overline{AB}$.

34. Si l'équation avoit plusieurs racines, les unes positives, les autres négatives, les premières appartiendroient explicitement au système de quantités sur lequel les raisonnemens auroient été faits ; mais les racines négatives ne lui appartiendroient qu'implicitement ; elles seroient explicites seulement pour d'autres systêmes indirectement corrélatifs avec le premier, et qu'on trouveroit en cherchant, pour chacune de ces racines, quel est, parmi tous les systêmes corrélatifs possibles, celui auquel satisferoit cette racine, après en avoir changé le signe.

35. Supposons, par exemple, que cette équation se rapporte à une courbe dont l'ordonnée soit représentée par y, et que, pour une certaine valeur déterminée de l'abscisse, il y ait parmi celles de y une valeur négative.

Il suit de ce que nous venons de dire, que cette racine négative ne peut s'appliquer immédiatement au système sur lequel le raisonnement a été établi et l'équation trouvée, mais à un autre auquel devra satisfaire immédiatement la même équation, si l'on y substitue préalablement $-y$ à la place de y.

Mais je dis que ce nouveau système est précisément la branche ou portion de courbe, qui est de l'autre côté de l'axe, par rapport au système primitif ; c'est-à-dire, par rapport à la portion de courbe sur les points de laquelle le raisonnement a été établi et l'équation trouvée.

En effet, il est d'abord évident que cette autre portion de courbe forme un système corrélatif avec la première : mais je dis que cette corrélation ne peut être qu'indirecte, eu égard à la série des raisonnemens qui ont été faits pour trouver l'équation ; car si cette corrélation étoit directe, la formule du premier système seroit applicable, sans aucun changement de signes, au second (15), ce qui est impossible, puisque ces raisonnemens ont été établis dans l'hypothèse que l'ordonnée étoit du premier côté de l'axe : or, cela ne peut avoir lieu sans que y soit positive. L'autre branche de la courbe forme donc un système indirectement corrélatif avec le premier. Mais comme toutes les quantités qui composent ces deux systèmes sont les mêmes, à l'exception de l'ordonnée qu'on ne connoît pas encore; il suit que c'est cette ordonnée seule qui devient inverse, et que par conséquent c'est ce nouveau système auquel satisfait l'équation trouvée, lorsqu'on y substitue $-y$ à la place de y.

56. Il se présente une autre question importante à faire sur la comparaison de deux systêmes corrélatifs, ayant chacun sa formule propre ou explicite : c'est d'en trouver une troisième qui les renferme l'une et l'autre, ou qui soit immédiatement applicable aux deux systêmes. C'est ce qu'on pourra faire en rapportant ces deux formules à leur origine commune, c'est-à-dire, en éliminant de ces formules particulières les quantités respectivement inverses qui les rendent disparates, et remettant à leurs places les quantités directes dont elles sont les différences.

En effet, puisque la quantité inverse p (18) n'a été introduite dans le systême que par la substitution de faite de $n - p$ à la place de m, il est clair qu'on reviendra au premier ordre de choses, c'est-à-dire, à la formule qui ne contenoit pas de quantités inverses, et qui par conséquent étoit immédiatement applicable aux deux systêmes, jusqu'alors directement corrélatifs entre eux, en remettant $n - m$ à la place de p ; et si l'on fait la même chose pour toutes les autres quantités respectivement inverses entre les deux systêmes, la formule deviendra immédiatement applicable à l'autre, sans aucun changement de signes, et sera par conséquent la formule générale cherchée.

37. Par exemple, dans le triangle A B C D cité plus haut, on a pour le système primitif, c'est-à-dire, lorsque D tombe entre B et C,

$$\overline{A\,B}^2 - \overline{A\,C}^2 = \overline{B\,C}^2 - 2\,\overline{B\,C} \cdot \overline{C\,D} \,;$$

et dans le système transformé, c'est-à-dire, lorsque C tombe entre B et D,

$$\overline{A\,B}^{2} - \overline{A\,C}^{2} = \overline{B\,C}^{2} + 2\,\overline{B\,C} \cdot \overline{C\,D}.$$

Ces deux formules ne se ressemblent point, parce que, dans le dernier cas, $\overline{C\,D}$ est inverse, attendu qu'on y a $\overline{C\,D} = \overline{B\,D} - \overline{B\,C}$, tandis que, dans le premier, on a au contraire $\overline{C\,D} = \overline{B\,C} - \overline{B\,D}$.

Mais si l'on veut trouver une formule immédiatement applicable aux deux systêmes, il n'y a qu'à éliminer la quantité inverse $\overline{C\,D}$, en substituant sa valeur en quantités directes, laquelle est $\overline{B\,D} - \overline{B\,C}$, ce qui donnera

$$\overline{A\,B}^{2} - \overline{A\,C}^{2} = 2\,\overline{B\,C} \cdot \overline{B\,D} - \overline{B\,C}^{2},$$

équation qui a lieu, soit que le point C tombe entre B et D, soit que le point D tombe entre B et C.

38. Au reste, c'est une recherche curieuse et importante que cette généralisation des formules, ou l'art de rendre immédiatement applicables à tous les systêmes corrélatifs possibles, celles qui sont trouvées pour un seul pris comme terme de comparaison : on peut employer pour cela divers moyens; mais le but commun de tous, est toujours d'éliminer ou faire disparoître, soit par des substitutions, soit par des transformations quelconques, toutes les quantités qui se trouvent respectivement inverses entre ces divers systêmes.

39. Les formules appartenantes à ces divers sys-

tèmes corrélatifs, considérés comme un seul et même système transformé de diverses manières, ne pouvant jamais différer entre elles que par les signes de corrélation des valeurs qui entrent dans ces formules, il suit qu'en changeant ces signes successivement et de toutes les manières possibles, dans les formules de l'un quelconque d'entre ces systêmes pris pour terme de comparaison, on trouvera successivement celles qui appartiennent à chacun des autres, et qu'ainsi on pourra faire l'énumération de tous ces systêmes, ou classer tous ceux qui sont susceptibles d'être ramenés aux mêmes systêmes primitifs.

40. Telle est, ce me semble, la véritable théorie des quantités dites improprement, en Analyse, positives et négatives; je dis improprement, car il n'existe véritablement ni quantités positives, ni quantités négatives par elles-mêmes, mais seulement des quantités absolues, aptes à être ajoutées à d'autres, ou à en être retranchées lorsqu'elles sont plus petites, car il n'y a rien au-dessous de o. Lors donc qu'on dit d'une quantité qu'elle devient négative, on ne peut entendre autre chose, sinon que le systême auquel elle appartient change, et que le signe de corrélation de la valeur de cette quantité dans le système transformé, est —.

41. Ainsi, cette expression de valeur devenue négative, suppose, au moins tacitement, la comparaison de deux systêmes auxquels il n'est pas possible

sible d'appliquer les mêmes raisonnemens sans quelques modifications ; et de plus, que le résultat de
ces modifications dans les formules est une mutation du signe qui affectoit la valeur de la quantité
en question, devenue inverse et non pas négative.
Ce qui est devenu négatif dans les formules, ce n'est
pas cette quantité elle-même, mais seulement sa
valeur de corrélation ; c'est le signe de corrélation
qui est devenu —. Au reste, on est bien maître
d'appeler quantité ce que j'appelle valeur, et par
conséquent quantité négative ce que j'appelle valeur
négative ; mais alors il faut donc prendre soin de
distinguer exactement dans chaque cas les quantités
absolues des quantités prises collectivement avec
leurs signes ; car c'est faute de cette distinction, qui
échappe facilement, qu'il a toujours régné dans
cette théorie une sorte d'obscurité.

42. En envisageant la question sous un point de
vue plus général, on peut, à la vérité, convenir de
distinguer par les signes + et — les quantités prises
en sens contraires les unes des autres ; mais alors il
faut expliquer ce qu'on entend par cette expression
de quantités prises en sens contraires, et montrer
qu'on a le droit d'opérer sur les signes par lesquels
on est convenu de les distinguer, de la même manière qu'on le fait lorsqu'on n'emploie ces mêmes
signes qu'à indiquer des additions et soustractions
exécutables : c'est-là le point de la difficulté, et je
crois qu'on ne sauroit la résoudre qu'en attribuant
à ces quantités dites en sens contraire, la significa-

tion de celles que j'ai appelées les unes directes, les autres inverses ; c'est-à-dire, sans rapporter, au moins tacitement, le système examiné à un autre système fondamental pris pour terme de comparaison. Dans ce système primitif, on ne considère que les valeurs absolues des quantités, et l'on regarde les signes + et — qui les lient, comme indiquant seulement des additions et soustractions exécutables d'après leurs notions premières. Alors, si, ayant une formule trouvée pour ce système primitif, on veut l'étendre à un autre système pour lequel elle n'étoit pas faite, mais qui est corrélatif avec le premier ; au lieu de chercher de nouveau la formule qui convient à ce dernier cas, on profite de la première, en y apportant seulement les modifications nécessaires ; et ces modifications se réduisent, ainsi que je l'ai montré ci-dessus, à changer les signes des valeurs des quantités que j'ai nommées inverses, et dont j'ai donné une notion précise.

43. Les quantités donc que l'on désigne dans l'analyse, en les disant prises dans des sens contraires, ne sont autre chose que celles que j'ai désignées sous les noms de quantités directes et de quantités inverses ; c'est-à-dire, de quantités comparées à celles d'un même système pris pour terme de comparaison, et telles que chacune de ces quantités soit considérée comme la différence de deux autres, prises, ainsi que les premières, dans le système transformé qu'on examine. On la nomme directe lorsque ces quantités, dont elle est la différence, sont elles-mêmes en

ordre direct, c'est-à-dire, lorsque la plus grande,
dans le système transformé, est aussi la plus grande
au système primitif; on la nomme inverse lorsque
les quantités dont elle est la différence sont en ordre
inverse, c'est-à-dire, lorsque la plus grande du système transformé répond à la plus petite du système
primitif, et réciproquement.

44. Une fois le changement des signes opéré dans
la formule examinée, elle devient immédiatement
applicable au système transformé, de la même manière qu'elle l'étoit avant le changement, au système primitif; et ce système transformé peut lui-
même à son tour servir de terme de comparaison
pour d'autres, en faisant à la formule qui lui a été
appropriée les nouvelles modifications que pourroient exiger les mutations qui doivent avoir lieu,
à mesure que le second système éprouvera d'autres
transformations.

45. Ainsi, cette théorie dérive essentiellement
d'un principe fondamental qui ne s'applique pas
seulement à la question ici traitée, mais à toutes les
parties des mathématiques et de la dialectique en
général; et qui consiste à rapporter toujours l'objet
qu'on veut considérer à un autre objet connu que
l'on prend pour terme de comparaison; car en observant la marche de l'esprit dans la recherche des
vérités, on voit facilement qu'elle se réduit toujours
à décomposer les questions qui sont trop compliquées, eu égard à l'étendue de nos facultés intellec-

tuelles , pour les ramener à des questions plus simples.

46. Tout l'artifice de la numération , par exemple, consiste à trouver le moyen d'arranger un petit nombre de chiffres dans un ordre méthodique tel, qu'avec ces seuls chiffres , on puisse représenter tous les nombres possibles , afin de pouvoir opérer partiellement sur eux, et décomposer ainsi la difficulté en convertissant les opérations qu'on peut avoir à exécuter sur des nombres considérables , en une série d'opérations partielles à faire sur de petits nombres , c'est-à-dire , sur des nombres assez petits pour qu'on puisse se faire de chacun d'eux une idée nette, ou les combiner immédiatement par l'attention et la mémoire.

47. De même, chacune des opérations de l'arithmétique, telles que l'addition , la soustraction , la multiplication , etc. n'est autre chose que le procédé par lequel on parvient à opérer successivement sur les unités, les dixaines, les centaines, des nombres proposés , lorsqu'ils sont trop considérables pour que l'esprit puisse appercevoir directement le résultat entier de leur combinaison.

48. Il en est de même de l'algèbre. Son but est d'indiquer la série des opérations qui sont à faire , et que l'arithmétique doit exécuter , pour obtenir un résultat cherché. On ne connoît pas toujours explicitement la valeur d'une quantité, quoiqu'on sache qu'elle dépend, et suivant quelle loi elle dé-

pend, d'une ou plusieurs des autres quantités données. Pour la trouver, on est obligé de faire plusieurs opérations successives ; or c'est cette série
d'opérations, dont il faut connoître la nature, qu'il
faut indiquer par des signes convenus ; et c'est dans
cette recherche et cette indication que consiste l'algèbre.

49. En géométrie, une figure composée de diverses lignes droites et courbes, tracées dans différens plans, n'offre d'abord à l'esprit qu'une image
confuse et des rapports vagues entre ses parties.
Mais en la décomposant en figures plus simples, en
comparant successivement deux à deux, trois à
trois, les signes et les angles qui la composent, on
parvient à découvrir tous les rapports partiels. On
lie ensuite ces rapports ; et de ces combinaisons successives, résulte la découverte des diverses propriétés de la figure.

50. Dans l'analyse infinitésimale, on prend un
système fixe de quantités pour servir de terme de
comparaison : on conçoit que ce système change par
degrés insensibles ; on regarde chacune des quantités
qui le composent, comme la limite de sa correspondante dans le système variable, et l'on nomme infiniment petite la différence de chaque variable à sa
limite. On cherche ensuite des équations entre les
variables, leurs limites et leurs différences désignées
sous le nom d'infiniment petites : on élimine ces
dernières, à l'aide d'une simplification accidentelle

propre à ce calcul, et qui résulte de ce que ces quantités, dites infiniment petites, peuvent être supposées s'évanouir toutes à la fois. Il reste les équations cherchées entre les variables et leurs limites, c'est-à-dire, entre le système dont on recherche les propriétés et le système primitif pris pour terme de comparaison.

51. Enfin la question que nous traitons ici des quantités directes et inverses, a beaucoup d'analogie avec ce que nous venons de dire de l'analyse infinitésimale. On prend également un système fixe pour servir de terme de comparaison ; on regarde chacune des quantités qui composent celui-ci comme la limite de sa correspondante dans le système variable, ou le terme auquel on la rapporte constamment pendant la mutation ; on prend la différence de deux quelconques des quantités du système proposé, et l'on compare cette différence avec celle de leurs limites respectives, en ne considérant toujours que les valeurs absolues des unes et des autres. Tant que ces variables sont en ordre direct avec leurs limites, c'est-à-dire, tant que la plus grande de ces deux variables correspond à la plus grande des deux limites, la différence de ces variables est dite en sens direct ; mais si ces variables passent à l'ordre inverse, c'est-à-dire, si celle qui correspond à la plus grande limite devient moindre que celle qui correspond à la plus petite, elle est dite en sens inverse. Alors pour trouver les propriétés du système proposé, on commence par chercher celles du sys-

tê+me fixe pris pour terme de comparaison ; et lorsqu'on a trouvé les formules qui les expriment, on
les approprie au système corrélatif proposé, en y
substituant aux quantités qui composent ce système
fixe, les valeurs de corrélation du système proposé ;
opération qui s'exécute en deux parties : 1°. en
substituant les valeurs absolues des quantités qui
composent celui-ci, aux valeurs absolues de leurs
corrélatives dans le système primitif; 2°. en cherchant le signe de corrélation de chacune de ces valeurs du système proposé, et changeant dans les
formules du système primitif celui de chacune des
valeurs qui appartiennent à des quantités devenues
inverses en passant d'un système à l'autre.

52. Soient prises dans le système primitif deux
quantités M, N ; supposons M $>$ N, et soit M—N=P.

Concevons maintenant que le système varie, que
M devienne m ; N, n ; et P, p ; en ne considérant
toujours que les valeurs absolues de ces quantités.

Supposons de plus que, pour ce changement,
M et N aient commencé, la première allant en dimi-
nuant, la seconde en augmentant, à se rapprocher
l'une de l'autre par degrés insensibles, jusqu'à devenir égales, et par conséquent leur différence
M—N ou P égale à zéro ; qu'ensuite ces deux quantités continuant, la première à diminuer et la
seconde à augmenter, celle-ci, devenue n, se trouve
plus grande que m, valeur que l'autre est supposée
avoir prise en même temps ; leur différence p, qui
étoit P dans le système primitif, sera devenue in-

verse ; et l'on aura par conséquent $p = n - m$, au lieu de $P = M - N$, qui a lieu dans le système primitif.

Donc, lorsqu'une quantité devient inverse par ce mode, il faut nécessairement que les deux quantités dont elle est la différence aient passé par le rapport d'égalité, et que cette quantité elle-même ait passé par o.

Mais la quantité p peut aussi devenir inverse par un mode autre que celui qu'on vient d'indiquer ; c'est en passant par ∞ au lieu de passer par o. Alors les deux quantités dont elle est la différence peuvent être également regardées comme ayant passé par le rapport d'égalité, mais en devenant l'une et l'autre infinies.

En effet, je dis que si p est devenue inverse, la quantité $\dfrac{1}{p}$ l'est aussi devenue.

Il est clair d'abord qu'au moment où p est devenue o, $\dfrac{1}{p}$ est devenue ∞ ; il faut donc prouver que quand M est devenue m, et N, n, $\dfrac{1}{p}$ est devenue inverse, aussi bien que p.

Or, puisqu'on a
$$p = n - m,$$
on a aussi
$$\frac{1}{p} = \frac{1}{(n-m)} = \frac{n-m}{(n-m)^2},$$
ou
$$\frac{1}{p} = \frac{n}{m^2 + n^2 - 2mn} - \frac{m}{m^2 + n^2 - 2mn};$$

donc l'équation primitive à laquelle celle-ci répond
doit être telle entre **P**, **M**, **N**, qu'en y remettant
pour ces quantités leurs correspondantes, et changeant le signe de p, qui est inverse, elle s'accorde
avec celle qui précède. Donc cette équation primitive est

$$\frac{1}{P} = \frac{M}{M^2 + N^2 - 2\,M\,N} - \frac{N}{M^2 + N^2 - 2\,M\,N}.$$

Donc $\dfrac{1}{p}$ est la différence de deux quantités qui se
trouvent en ordre inverse ; donc elle est elle-même
comme nous l'avons dit, une quantité inverse.

53. Ainsi, une quantité peut devenir inverse de
deux manières : ou en passant par 0, ou en passant
par ∞. Cependant on ne sauroit en conclure que,
réciproquement, toute variable qui passe par 0 ou
par ∞ devient pour cela nécessairement inverse :
car, en supposant que p soit inverse ; je dis que p^2,
par exemple, ne le sera pas pour cela, quoiqu'elle
ait évidemment passé par 0 ou par ∞ en même
temps que p. Car, si p^2 étoit inverse, elle changeroit
de signe dans le résultat, aussi bien que p. Or, cela
ne se peut, puisque $-p \times -p$ fait toujours p^2.
Donc cette quantité p^2 n'a pas changé de signe ;
donc elle n'est pas devenue inverse.

54. Mais puisqu'aucune quantité ne peut devenir
inverse sans avoir préalablement passé par 0 ou
par ∞, on peut en conclure que jusqu'alors le systéme variable sera demeuré en corrélation directe

avec

avcc le système primitif ; et que par conséquent les formules trouvées pour celui-ci lui seront applicables sans aucun changement de signes. Donc toute formule trouvée pour un système quelconque de quantités, est immédiatement applicable à un autre système quelconque corrélatif, lorsqu'elle ne contient aucune quantité qui passe par o ou par ∞, pour arriver du système primitif au système transformé.

55. Par exemple, la formule

$$\overline{AB}^2 - \overline{AC}^2 = 2\,\overline{BC} \cdot \overline{BD} - \overline{BC}^2,$$

qui appartient (37) au triangle primitif $ABCD$, appartient également au système transformé, soit que le point D soit entre B et C, soit que le point C soit entre B et D, parce qu'en passant d'un état à l'autre, aucune des quantités $\overline{AB}$, $\overline{AC}$, $\overline{BC}$, $\overline{BD}$, qui entrent dans cette équation, ne passe ni par o, ni par ∞.

56. Mais si le point C, continuant sa route, passoit au-delà du point B, la formule pourroit changer, car $\overline{BC}$ passeroit par o au moment de sa coïncidence avec le point B ; et elle changeroit en effet : car en prenant pour terme de comparaison le système précédent, lorsque C étoit entre B et D, on avoit

$$\overline{BC} = \overline{BD} - \overline{CD};$$

au lieu qu'après le passage de C au-delà du point B, on a

$$\overline{BC} = \overline{CD} - \overline{BD}.$$

C

Donc $\overline{BC}$ est inverse ; donc il faut mettre $-\overline{BC}$ à la place de $\overline{BC}$, pour rendre la formule précédente immédiatement applicable à ce dernier cas ; donc la formule devient

$$\overline{AC}^2 - \overline{AB}^2 = \overline{BC}^2 - 2\,\overline{BC}\cdot\overline{BD}.$$

57. Il est aisé de voir aussi par ce qui a été dit précédemment, que toute formule trouvée pour le système primitif, est également applicable immédiatement à chacun des systêmes corrélatifs, lorsqu'elle ne renferme que des quantités élevées au quarré ; puisqu'en supposant que ces quantités fussent inverses, ou leurs valeurs affectées du signe —, les quarrés de ces valeurs n'en seroient pas moins positifs : d'où il suit que les formules ne changeroient pas.

58. C'est ainsi que l'équation

$$\overline{AB}^2 - \overline{AC}^2 = \overline{BD}^2 - \overline{CD}^2$$

appartient au triangle transformé, soit que le point D tombe entre B et C, soit que C tombe entre B et D, soit enfin que B tombe entre C et D, quoique les quantités $\overline{CD}$, $\overline{BD}$, se soient évanouies dans le changement ; la première lors de la coïncidence du point C avec D, la seconde lors de la coïncidence de C avec B.

59. Enfin je dis que toute formule ou équation à deux termes seulement pour le systême primitif, est aussi immédiatement applicable à chacun des

systêmes corrélatifs ; car si elle ne l'étoit pas, il faudroit, pour qu'elle le devînt, changer le signe des quantités qui deviendroient inverses : mais la formule ne changeroit pas pour cela, puisque si l'un des termes devient négatif, il faudra que l'autre le devienne aussi ; car une valeur positive ne peut se trouver égale à une valeur négative.

60. Par exemple, lorsque deux droites $\overline{AD}$, $\overline{BC}$ (*fig.* 2), se coupent au-dedans d'un cercle en un point K, on a, comme on sait, l'équation

$$\overline{AK} \cdot \overline{DK} = \overline{BK} \cdot \overline{CK},$$

qui est à deux termes.

Concevons maintenant que le systême change par degrés insensibles, de manière que le point K d'intersection sorte de l'aire du cercle, et qu'ainsi le systême devienne tel qu'il est représenté (*fig.* 3); on aura également dans ce systême transformé,

$$\overline{AK} \cdot \overline{DK} = \overline{BK} \cdot \overline{CK}.$$

Cependant $\overline{CK}$ est devenue inverse ; car dans le premier systême, on a

$$\overline{CK} = \overline{CB} - \overline{BK},$$

et dans le second, au contraire, on a

$$\overline{CK} = \overline{BK} - \overline{CB} :$$

par conséquent $\overline{CK}$ doit changer de signe ; mais comme d'un autre côté $\overline{DK}$ devient aussi inverse, puisque dans le premier systême on a

$$\overline{DK} = \overline{AD} - \overline{AK},$$

et dans le second cas, au contraire,

$$\overline{DK} = \overline{AK} - \overline{AD}.$$

Il suit que $\overline{DK}$ doit aussi changer de signe; et que par conséquent l'équation finale doit se retrouver la même que lorsque le point d'intersection K étoit au-dedans du cercle.

61. Ce que j'ai dit jusqu'à présent est applicable à toutes les espèces de quantités. Je passe maintenant à ce qui regarde particulièrement les quantités géométriques.

Concevons deux systêmes quelconques de points en nombres égaux, mais arrangés diversement. Comparons chacun à chacun, et dans quel ordre on voudra, les points du premier systême avec ceux du second, et nommons points correspondans ceux qui sont ainsi comparés deux à deux, l'un dans le premier systême, l'autre dans le second.

Supposons que dans chacun de ces systêmes on trace un même nombre de lignes droites, on décrive un même nombre de circonférences, on fasse passer un même nombre de plans, en menant toujours ces droites, ces circonférences, ces plans, par les points correspondans; et qu'enfin tout ce qui est exécuté d'un côté le soit pareillement de l'autre; il est clair que deux pareils systêmes de quantités sont de ceux que j'ai nommés *systémes corrélatifs*, ou *figures corrélatives;* et les points, les droites, les arcs, les angles, les surfaces, les solides **qui en résultent,**

menés ou établis de la même manière dans ces deux
systêmes, sont également dits corrélatifs chacun à
chacun. Enfin j'appellerai fonctions, formules,
équations corrélatives, celles qui expriment leurs
propriétés analogues. Toutes ces définitions cadrent
évidemment avec les notions générales que nous
avons données précédemment.

62. Les figures corrélatives ne sont pas pour cela
des figures semblables; car quoique composées d'un
même nombre de parties correspondantes, ces parties peuvent avoir des rapports différens. En effet,
les points dits corrélatifs ne sont pas des points
semblablement placés dans les deux systêmes, puisqu'on les a supposés disposés arbitrairement. Lorsque ces points sont semblablement placés, on peut
dire qu'il y a entre les deux systêmes *corrélation de
similitude*, et l'on peut dire qu'il y a *corrélation
d'identité* ou *de superposition*, lorsque les deux figures sont absolument semblables et égales entre elles.

63. Puisque la base de chacun de ces systêmes
est un assemblage de points qui sont en même nombre dans l'un et dans l'autre, nous pouvons concevoir que l'un de ces systêmes étant fixe et pris pour
terme de comparaison, l'autre varie insensiblement,
de manière que chacun de ses points approche graduellement du point corrélatif de l'autre systême,
et finisse par coïncider avec lui. Alors ces deux systêmes se confondront et deviendront identiques. On
peut également concevoir que deux systêmes étant

d'abord identifiés, l'un des deux reste fixe, et que l'autre s'en éloigne insensiblement, en changeant de forme par degrés, et chaque point prenant une position plus ou moins disparate avec celle qu'il avoit dans le système primitif.

64. Je suppose que l'on connoisse les propriétés d'une figure quelconque, que je prends pour servir de terme de comparaison à toutes les figures qui lui sont corrélatives ; et je cherche quelles modifications doivent éprouver les formules ou équations qui expriment ces propriétés connues, lorsqu'on veut les transférer on en faire l'application aux figures corrélatives.

En regardant toutes ces figures corrélatives comme les différens états du système primitif pris pour terme de comparaison, qui varie par degrés insensibles, on pourra regarder les formules trouvées comme appartenant à toutes les autres ; et il ne s'agira, pour l'application, que d'attribuer dans chaque cas particulier, aux diverses variables, les valeurs absolues qui leur conviennent, et le signe dont chacune doit être affectée.

65. Réciproquement, le système primitif étant donné, ainsi que les formules qui s'y rapportent, on peut demander quel est le système corrélatif auquel se rapporteroient les formules modifiées de telle ou telle manière.

66. Enfin on peut demander quelles formules seroient en même temps applicables aux deux sys-

têmes ; c'est-à-dire, quelles formules générales contiendroient en même temps les formules immédiatement applicables à chaque système en particulier. Or, ce sont ces différens genres de questions qui forment le sujet de cet essai.

67. La marche que je suivrai pour établir la corrélation de deux figures, sera d'établir d'abord la corrélation des points, puis celle des lignes, des angles, des arcs, des surfaces, des solides.

68. Je distingue pour les points deux sortes de corrélations, savoir : *la corrélation de construction*, et *la corrélation de position*. La corrélation de construction est celle qu'on établit entre les points de deux figures considérées dans l'ordre de leurs constructions respectives. La corrélation de position est celle qu'on établit entre ces mêmes points, en les considérant dans l'ordre suivant lequel ils se trouvent rangés sur les lignes corrélatives qui les contiennent.

69. Soient, par exemple, deux triangles A B C, A′B′C′ (*fig.* 1 *et* 4), dans lesquels je prends A et A′, B et B′, C et C′, pour respectivement corrélatifs. Abaissons des points corrélatifs A, A′, les perpendiculaires $\overline{\mathrm{AD}}$, $\overline{\mathrm{A'D'}}$, sur les bases opposées ; les points D et D′ sont corrélatifs entre eux dans l'ordre de la construction. Mais supposons que dans le premier triangle A B C, pris pour terme de comparaison, D tombe entre B et C, tandis que dans le second, le point C′ tombe entre B′ et D′, correspon-

dans de B et D ; la corrélation de position consistera dans l'expression de cette différence.

70. Pour établir la corrélation de construction, je me contente d'écrire la série des points qui déterminent chaque figure, en les plaçant dans un même ordre les uns sous les autres, chacun sous son correspondant, comme il suit ;

Corrélation de construction.

1er *Systéme*....... A B C D
2° *Systéme*....... A′ B′ C′ D′

Par où je vois que, dans l'ordre de la construction, A′ correspond à A, B′ à B, C′ à C, D′ à D.

71. Etablissons maintenant la corrélation de position. Je vois que, pour exprimer cette corrélation, il me suffit d'indiquer que, dans la première figure, D se trouve sur la droite $\overline{BC}$, entre les points B et C ; au lieu que dans la seconde, D′ se trouve sur B′ C′, de manière que c'est C′ qui est placé entre B′ et D′. Or, il suffit, pour indiquer cette modification, d'écrire les deux séries des points correspondans suivant l'ordre dans lequel ils se trouvent rangés sur les bases corrélatives BC, B′ C′, comme il suit :

Corrélation de position.

1er *Systéme*....... $\overline{BDC}$
2° *Systéme*....... $\overline{B'C'D'}$

Les barres tirées au-dessus de ces séries de points

servent à indiquer que ces points sont rangés sur des lignes droites.

72. J'exprime de la même manière la corrélation de position de deux séries de points placés sur des arcs corrélatifs, avec cette différence, qu'au lieu d'une barre droite tirée au-dessus, ce sera une barre courbée ; de manière que si A , B , C , D , par exemple, sont quatre points placés sur un arc de cercle, dans l'ordre A B C D, tandis que leurs correspondans A′, B′, C′, D′, sont placés sur l'arc de cercle corrélatif au premier dans l'ordre B′ D′ A′ C′, on établira ainsi les corrélations de construction et de position :

Corrélation de construction.

1ᵉʳ *Systéme*....... A B C D
2° *Systéme*....... A′ B′ C′ D′

Corrélation de position.

1ᵉʳ *Systéme*....... $\overset{\frown}{\text{A B C D}}$
2° *Systéme*....... $\overset{\frown}{\text{B′ D′ A′ C′}}$

73. Pour exprimer le point de concours de deux lignes droites, comme $\overline{\text{A B}}$, $\overline{\text{C D}}$, j'écrirai $\overline{\text{A B}} \cdot \overline{\text{C D}}$; c'est-à-dire, les deux droites avec un point placé entre les deux barres mises au-dessus. Ainsi, cette expression signifie *point de concours des droites* $\overline{\text{A B}}$, $\overline{\text{C D}}$, *prolongées s'il le faut.* De même, pour exprimer le point de concours de deux arcs A B, C D,

j'écrirai $\overline{AB} \cdot \overset{\frown}{CD}$; pour exprimer le point de concours d'une droite A B avec un arc C D, j'écrirai
$\overline{AB} \cdot \overset{\frown}{CD}$ ou $\overset{\frown}{CD} \cdot \overline{AB}$. Si deux droites, ou deux
arcs, ou une droite et un arc, étoient exprimés par
de simples lettres comme a, b, on exprimeroit leur
point de concours de cette manière, $a \cdot b$.

On voit par-là que $\overline{F \overline{AB} \cdot \overline{CD}}$, par exemple,
doit signifier la droite menée du point F au point
de concours de $\overline{AB}$ et $\overline{CD}$; que $\overline{\overline{AB} \cdot \overline{CD}} \overset{\frown}{FG} \cdot \overset{\frown}{HK}$
doit signifier la droite menée du point de concours
des droites A B, C D, au point où se croisent les
deux arcs F G, H K ; que $\overline{\overline{AB} \cdot \overline{CD}} \overset{\frown}{FG} \cdot \overset{\frown}{HK} \overset{\frown}{LM}$
doit signifier le point où l'arc L M coupe la droite
menée du point d'intersection des droites A B, C D,
à celui où se coupent les arcs F G, H K, ainsi des
autres.

74. Pour exprimer que deux points coïncident,
ou ne sont qu'un seul et même point considéré de
deux manières, j'en écrirai la double expression
séparée par le signe $\doteqdot$, que j'appellerai *signe d'équipollence*. Par exemple, si les droites A B, C D,
concourent au point E, j'écrirai $\overline{AB} \cdot \overline{CD} \doteqdot E$; si
les deux droites A B, C D, concourent au même
point que les deux arcs F G, H K, j'écrirai...
$\overline{AB} \cdot \overline{CD} \doteqdot \overset{\frown}{FG} \cdot \overset{\frown}{HK}$.

75. En général, je me servirai du signe d'équi-

pollence $=\!\!\parallel\!\!=$ pour exprimer l'identité de deux objets quelconques. Ainsi $a =\!\!\parallel\!\!= b$ signifiera que la valeur de a est la même que celle de b; il exprime donc dans ce cas la même chose que le signe $=$: mais le signe d'équipollence est en même temps applicable aux points et à tous les objets qui peuvent être substitués les uns aux autres. Par exemple, ayant une équation ou formule (A), qu'on lui fasse subir une transformation quelconque, de manière qu'elle devienne (B), les deux formules (A) et (B) seront équipollentes, et l'on pourra écrire $(A) =\!\!\parallel\!\!= (B)$.

76. J'ai déjà dit comment je distingue les arcs des lignes droites, en écrivant $\overline{AB}$ pour *droite* AB, et $\overset{\frown}{AB}$ pour *arc* AB. J'écrirai de même, par forme d'abréviation, $A\widehat{B}C$ pour *angle* ABC. Lorsque l'angle sera droit, j'écrirai $A\ulcorner BC$. Pour marquer l'angle formé par deux droites AB, CD, j'écrirai $\overline{AB}\,\widehat{}\,\overline{CD}$; et si cet angle est droit, j'écrirai $\overline{AB}\ \urcorner\ \overline{CD}$. Pareillement, pour exprimer l'angle formé par deux arcs AB, CD, j'écrirai $\overset{\frown}{AB}\,\widehat{}\,\overset{\frown}{CD}$; et si l'angle est droit, j'écrirai $\overset{\frown}{AB}\ \urcorner\ \overset{\frown}{CD}$.

Pour *triangle* ABC, j'écrirai $A\widehat{B}C$; pour *triangle rectangle* ABC, ayant l'angle droit au sommet B, j'écrirai $A\overset{\triangle}{B}C$; enfin pour *surface* ABC, j'écrirai $\overline{\overline{ABC}}$.

77. Pour ce qui concerne les droites, les angles,

les arcs, les surfaces, les solides, et autres valeurs quelconques, on distinguera la corrélation des quantités ou valeurs absolues, et la corrélation des signes.

78. La corrélation des valeurs absolues s'établit en écrivant simplement l'une sous l'autre les quantités correspondantes. Ainsi, par exemple, si l'on a deux systêmes de quantités, l'un composé des quantités A, B, C, D, etc. l'autre des quantités corrélatives a, b, c, d, etc. chacune à chacune, on établira la corrélation des valeurs absolues comme il suit:

Corrélation des valeurs absolues.

1er *Systême*....... A, B, C, D, etc.
2e *Systême*....... a, b, c, d, etc.

Cette corrélation des quantités sera toujours extrêmement facile à établir, dès qu'on aura la *corrélation de construction* des points expliquée ci-dessus, puisqu'il n'y aura visiblement qu'à toujours les prendre suivant le même ordre de construction dans les deux systêmes comparés. Soient, par exemple, ABCD, A'B'C'D', les triangles considérés ci-dessus (*fig.* 1 *et* 4). Puisque nous avons cette corrélation de construction entre les points :

1er *Systême*....... A B C D
2e *Systême*....... A'B'C'D'

on conclura sans difficulté qu'on a cette corrélation entre les droites, les angles et les surfaces :

$$1^{er}\;Syst...\begin{cases}\overline{AB},\overline{AC},\overline{BC},\overline{BD},\overline{CD},\overline{AD},B\hat{A}C,A\hat{B}C,\\[4pt]\overline{A'B'},\overline{A'C'},\overline{B'C'},\overline{B'D'},\overline{C'D'},\overline{A'D'},B'\hat{A}'C',A'\hat{B}'C',\end{cases}$$

$$\begin{cases}A\hat{C}B,\;B\hat{A}D,\;C\hat{A}D,\;\overline{\overline{ABC}},\;\overline{\overline{ABD}},\;\overline{\overline{ACD}}.\\[4pt]A'\hat{C}'B',\;B'\hat{A}'D',\;C'\hat{A}'D',\;\overline{\overline{A'B'C'}},\;\overline{\overline{A'B'D'}},\;\overline{\overline{A'C'D'}}.\end{cases}$$

ce qui s'exécute en écrivant d'abord et de suite, la
série de toutes les quantités du premier système que
l'on veut comparer à celles du second, et ensuite
sous chacune d'elles, la série des lettres correspondantes, lesquelles détermineront les quantités corrélatives du second système.

Ainsi, les deux premières lettres A, B, prises dans
la corrélation des points étant écrites de suite, détermineront la droite AB. De même les deux lettres
A', B', du second système déterminent la droite $A'B'$,
corrélative avec AB. Pareillement la seconde, la
première et la quatrième lettres du premier système
écrites de suite déterminant l'angle BAD, la seconde,
la première et la quatrième lettres du second systême écrites de suite, dans le même ordre, détermineront l'angle corrélatif $B'A'D'$ de ce second systême, c'est-à-dire, que $B\hat{A}D$, $B'\hat{A}'D'$, seront des
quantités corrélatives ; ainsi des autres.

79. La corrélation des valeurs absolues établie,
il faudra établir la corrélation des signes. Celle-ci
dépend de la corrélation de position des points.
Ainsi, par exemple, dans les deux triangles compa-

rés ci-dessus, la corrélation de position des points B, C, D, avec leurs correspondans, étant,

$$1^{er}\ Syst\acute{e}me\ldots\ldots\ \overline{B\,D\,C}$$
$$2^{e}\ Syst\acute{e}me\ldots\ldots\ \overline{B'C'D'}$$

on voit qu'il s'est fait une inversion entre les points D, C, et leurs corrélatifs D′, C′; c'est-à-dire, qu'ils ont changé d'ordre. On en conclura que les deux systêmes ne sont qu'indirectement corrélatifs : on cherchera donc quelles sont les quantités devenues inverses, et l'on donnera à leurs valeurs — pour signe de corrélation, tandis qu'on donnera + pour signe de corrélation à chacune des autres valeurs appartenantes aux quantités demeurées directes.

Quant au systême pris pour terme de comparaison, les valeurs des quantités qui le composent n'ont aucun signe, puisque ce sont de simples valeurs absolues ; mais on pourra si l'on veut, et j'en userai ordinairement ainsi, leur donner le signe + , parce qu'on peut regarder le systême primitif comme le premier des systêmes qui lui sont directement corrélatifs, puisque c'est lui qui est pris pour terme de comparaison.

80. La corrélation des signes établie, celle des *valeurs de corrélation* en dérive de suite, puisque cette corrélation se compose de celle des valeurs absolues et de celle des signes ; c'est-à-dire, puisque les valeurs de corrélation ne sont autre chose que les valeurs absolues prises collectivement avec

les signes. Etablissons donc ces corrélations successivement pour chacune des quantités qui composent les deux systèmes comparés : voici d'abord quel doit en être le résultat, ainsi que je le prouverai immédiatement après.

Tableau général de corrélation des deux systémes.

$$1^{er} Syst... \begin{cases} +\overline{AB}, +\overline{AC}, +\overline{BC}, +\overline{BD}, +\overline{CD}, +\overline{AD}, +B\widehat{A}C, \\ \end{cases}$$
$$2^{e} Syst... \begin{cases} +\overline{A'B'}, +\overline{A'C'}, +\overline{B'C'}, +\overline{B'D'}, -\overline{C'D'}, +\overline{A'D'}, +B'\widehat{A}'C', \\ \end{cases}$$

$$\begin{cases} +A\widehat{B}C, +A\widehat{C}B, +B\widehat{A}D, +C\widehat{A}D, +\overline{\overline{ABC}}, +\overline{\overline{ABD}}, +\overline{\overline{ACD}}. \\ +A'\widehat{B}'C', +A'\widehat{C}'B', +B'\widehat{A}'D', -C'\widehat{A}'D', +\overline{\overline{A'B'C'}}, +\overline{\overline{A'B'D'}}, -\overline{\overline{A'C'D'}}. \end{cases}$$

Pour démontrer ce tableau de corrélation, j'imagine que le triangle primitif A B CD se transforme en A'B'C'D', par le mouvement du point C sur $\overline{CB}$, et en vertu duquel il vient se placer entre B et D. Cela posé, dans ce mouvement, je vois qu'aucune des quantités $\overline{AB}$, $\overline{AC}$, $\overline{BC}$, $\overline{BD}$, $\overline{AD}$, ne passe ni par o ni par ∞. Donc ces quantités sont en sens direct dans le second système (54) ; donc le signe de corrélation de chacune d'elles dans ce second système, est $+$, ainsi que le marque le tableau. Quant à $\overline{CD}$, au contraire, elle passe par o pour devenir $\overline{C'D'}$, au moment où C coïncide avec D. Cette quantité peut donc devenir inverse, et le devient en effet ; car dans le système primitif, on a

$$\overline{CD} = \overline{BC} - \overline{BD},$$

au lieu que dans le système transformé, on a, au contraire,

$$\overline{C'D'} = \overline{B'D'} - \overline{B'C'}.$$

Donc le signe de corrélation de $\overline{C'D'}$ est —, comme le montre le tableau.

Pareillement il est clair que, pendant tout le mouvement du point C, aucune des quantités $B\widehat{A}C$, $A\widehat{B}C$, $A\widehat{C}B$, $B\widehat{A}D$, $\overline{\overline{ABC}}$, $\overline{\overline{ABD}}$, ne passe ni par o, ni par ∞ : donc le signe de corrélation de chacune d'elles, dans le système transformé, est + ; mais $C\widehat{A}D$, $\overline{\overline{ACD}}$, se sont évanouis l'un et l'autre au moment de la coïncidence du point C avec le point D. Ces deux quantités peuvent donc être devenues inverses ; et cela est ainsi, car dans le premier système, on a

$$C\widehat{A}D = B\widehat{A}C - B\widehat{A}D ;$$

et au contraire, dans le système transformé, on a

$$C'\widehat{A'}D' = B'\widehat{A'}D' - B'\widehat{A'}C'.$$

De même, on a dans le premier système

$$\overline{\overline{ACD}} = \overline{\overline{ABC}} - \overline{\overline{ABD}} ;$$

et dans le second, au contraire, on a

$$\overline{\overline{A'C'D'}} = \overline{\overline{A'B'D'}} - \overline{\overline{A'B'C'}}.$$

Donc ces deux quantités, $C'\widehat{A'}D'$, $\overline{\overline{A'C'D'}}$, sont inverses; donc leur signe de corrélation est —, ou leur valeur de corrélation négative, comme l'indique

le

le tableau ; donc ce tableau représente exactement
la corrélation des deux systêmes proposés.

81. Il suit de-là que si les propriétés du triangle
primitif étoient exprimées d'une manière quelconque par des formules ou équations qui ne continssent
que les quantités énumérées dans le tableau, il n'y
auroit pour rendre ces formules immédiatement applicables au systême transformé, qu'à y substituer,
à la place de chacune des valeurs qui s'y trouvent,
la valeur de corrélation qui lui répond dans le systême transformé.

82. Il en seroit de même d'un nouveau triangle
quelconque auquel on voudroit appliquer les mêmes
formules : il n'y auroit qu'à établir, comme on vient
de le faire voir, la corrélation des deux systêmes,
laquelle sera évidemment directe, si la perpendiculaire du nouveau triangle tombe sur la base même
qui lui est opposée ; et indirecte, si cette perpendiculaire tombe seulement sur le prolongement de
cette base.

Dans ce dernier cas, on pourroit prendre pour
systême primitif celui que nous venons de regarder
comme systême transformé ; c'est-à-dire, prendre
celui-ci pour terme de comparaison au nouveau
triangle (44), et alors la corrélation seroit directe ;
c'est-à-dire, que les signes seroient les mêmes dans
les formules du nouveau systême que dans celles qui
auroient été préalablement trouvées pour le systême
A'B'C'D', que nous venons de considérer.

D

83. D'après ce que nous avons dit au commencement, sur la distinction de ces expressions, *valeurs et quantités*, on doit, dans le système primitif, appeler *quantités primitives* celles qui entrent dans ce système primitif, abstraction faite de tout signe; et *valeurs primitives* ces mêmes quantités ou valeurs absolues, prises collectivement avec leurs signes, quand on leur en donne un (79). Mais comme ce signe est toujours + dans ce système, on peut, sans inconvénient, prendre l'une pour l'autre, la *valeur primitive*, et la *quantité primitive*, ainsi que je le ferai communément.

84. De même, dans le système transformé, on devra distinguer les *valeurs de corrélation* des *quantités de corrélation;* celles-ci ne sont que les valeurs absolues des quantités du système transformé, abstraction faite des signes, et les autres sont ces mêmes valeurs prises collectivement avec leurs signes de corrélation.

85. Enfin j'appellerai *valeur mixte* d'une quantité quelconque prise dans le système transformé, le signe de corrélation de sa valeur, pris collectivement, non avec cette valeur même prise dans le système transformé, mais avec celle qui lui correspond dans le système primitif.

86. Pour abréger, on emploiera les caractéristiques suivantes : *qu.* au lieu de *quantité; qu.pr.* au lieu de *quantité primitive; qu.cor.* au lieu de *quantité de corrélation; val.* au lieu de *valeur;*

val. pr. au lieu de *valeur primitive ; val. cor.* au lieu de *valeur de corrélation ; val. mix.* au lieu de *valeur mixte.*

87. Ces abréviations, et sur-tout celles que j'ai proposées (*73 et suiv.*), pourroient servir à exprimer brièvement un grand nombre de propositions, qui ne peuvent être énoncées que par de longues phrases en langage ordinaire. On les ramèneroit à une sorte d'expressions techniques et uniformes, qui auroient plusieurs avantages. Pour en avoir une idée, prenons pour exemple quelques propositions très-connues.

88. *Dans tout triangle rectangle , le quarré de l'hypoténuse est égal à la somme des quarrés des deux autres côtés.*

Cette proposition pourroit s'exprimer ainsi en langage technique :

$$\widehat{A B} C \; donne \; \overline{A\,C}^2 = \overline{A\,B}^2 + \overline{B\,C}^2.$$

Pour appliquer cette proposition ainsi énoncée à un autre triangle rectangle, comme E F G, dont l'angle F seroit l'angle droit, il n'y auroit qu'à établir la corrélation de construction des points de cette manière :

1er *Systême*. . . . . . . A B C
2e *Systême*. . . . . . . E F G

ce qui donne pour la corrélation des quantités ,

1er *Systême*. . . . . . . $\overline{A\,B}$, $\overline{A\,C}$, $\overline{B\,C}$.
2e *Systême*. . . . . . . $\overline{E\,F}$, $\overline{E\,G}$, $\overline{F\,G}$.

et par conséquent pour l'équation correspondante à
la formule de la proposition,

$$\overline{EG}^2 = \overline{EF}^2 + \overline{FG}^2.$$

89. On sent bien que dans des cas aussi simples
et aussi familiers que celui du quarré de l'hypoténuse, la méthode proposée seroit peut-être plutôt
désavantageuse qu'utile ; mais il est aisé de voir
qu'il n'en seroit pas de même pour peu que les formules fussent compliquées ; car alors il faudroit
beaucoup de paroles pour les exprimer en langage
ordinaire, tandis que l'expression en seroit toujours
nette et courte en langage technique.

90. *Cir.* A B C D, A, B, C, D, *rangés comme on veut,*
$\overline{AD} \cdot \overline{BC} \neq K$, *donne*

$$\overline{AK} \cdot \overline{DK} = \overline{BK} \cdot \overline{CK}.$$

Cet énoncé technique renferme toute la théorie
des droites qui se coupent, soit au-dedans, soit au-
dehors d'un cercle ; car il exprime que si sur une
circonférence quelconque (*fig. 2 et 3*), on prend à
volonté et dans quel ordre on veut, quatre points
A, B, C, D ; que, par deux quelconques d'entre
eux, comme A et D, on mène une droite $\overline{AD}$, et
par les deux autres B et C, une seconde droite $\overline{BC}$,
qui coupe la première, soit au-dedans, soit au-
dehors de l'aire du cercle, au point K, on aura

$$\overline{AK} \cdot \overline{DK} = \overline{BK} \cdot \overline{CK}.$$

91. Il est aisé d'appercevoir qu'on seroit bientôt exercé à cette espèce de langage, et qu'il en résulteroit une très-grande simplification dans l'énoncé des propositions. Je ne doute pas que cette méthode, perfectionnée et étendue à toutes les parties des mathématiques, ne donnât lieu à une sorte de calcul particulier, qu'on pourroit appeler de corrélation, fondé sur l'arrangement systématique des lettres ou signes pris pour représenter les objets et leurs divers rapports.

92. Pour en donner encore un exemple moins simple, soit un triangle A B C (*fig.* 5); prenons sur les côtés $\overline{AB}$, $\overline{BC}$, les points D, E, à volonté, et proposons-nous de trouver les rapports qui existent entre les trois côtés du triangle A B C et ceux du triangle B D E.

Par les propriétés connues des triangles, on a dans le triangle A B C,

$$\overline{AC}^2 = \overline{AB}^2 + \overline{BC}^2 - 2\overline{AB}.\overline{BC}.\cos ABC,$$

et dans le triangle B D E,

$$\overline{DE}^2 = \overline{BE}^2 + \overline{BD}^2 - 2\overline{BE}.\overline{BD}.\cos ABC.$$

Multipliant la première de ces équations par $\overline{BE}.\overline{BD}$, la seconde par $\overline{AB}.\overline{BC}$, et retranchant ensuite ces deux équations ainsi transformées l'une de l'autre, puis réduisant, on a

$$(\overline{AC}^2 - \overline{AB}^2 - \overline{BC}^2).\overline{BE}.\overline{BD} = (\overline{DE}^2 - \overline{BE}^2 - \overline{BD}^2).\overline{AB}.\overline{BC}$$

équation qui exprime une propriété de la figure pro-

posée, telle que des six choses que renferme cette
équation, cinq étant données, on trouveroit la
sixième. Or, s'il falloit exprimer cette propriété
par une proposition entièrement conçue en langage
ordinaire, cette proposition seroit assez compliquée;
mais dans le langage technique, où la formule elle-
même est donnée par l'énoncée, il est facile d'exprimer la proposition comme il suit :

$$A\hat{B}C, \ B\hat{D}E, \ \overline{ADB}, \overline{BEC}, \ \textit{donnent}$$

$$(\overline{AC}^2 - \overline{AB}^2 - \overline{BC}^2).\overline{BE}.\overline{BD} = (\overline{DE}^2 - \overline{BE}^2 - \overline{BD}^2).\overline{AB}.\overline{BC}.$$

93. Pour appliquer cette proposition à d'autres
cas, par exemple, au cas où les points D, E se trou-
veroient, non sur les droites mêmes $\overline{AB}$, $\overline{BC}$, mais
sur leurs prolongemens, il faudroit établir la corré-
lation des figures ; et par la corrélation de position
des points placés sur les mêmes droites, on verroit
quelles sont celles des quantités de la formule qui
deviennent inverses, et on donneroit à leurs valeurs
le signe de corrélation —. Les valeurs de corrélation ainsi trouvées, il n'y auroit plus qu'à les substituer dans les formules de la proposition.

94. Supposons, par exemple, que tout restant
d'ailleurs le même, le point D se meuve dans la direction $\overline{AB}$, et vienne se placer au point D′, au-delà
du point B, de manière que $\overline{DE}$ devienne $\overline{D'E}$; il
est clair que des six quantités $\overline{AB}$, $\overline{AC}$, $\overline{BC}$, $\overline{BD}$,
$\overline{BE}$, $\overline{DE}$, du système primitif, et qui entrent dans

la formule de la proposition, il n'y a que $\overline{BD}$ qui puisse devenir inverse, en se transformant en $\overline{BD'}$, car aucune des autres ne passe ni par o, ni par ∞. Quant à $\overline{BD'}$, elle est réellement inverse; car dans le système primitif, on a

$$\overline{BD} = \overline{BA} - \overline{AD},$$

et dans le système transformé, on a au contraire

$$\overline{BD'} = \overline{AD'} - \overline{BA}.$$

Donc $\overline{BD'}$ est inverse; donc sa valeur de corrélation est négative; donc pour avoir la formule correspondante au système transformé, il n'y a qu'à substituer dans la formule du système primitif, $-\overline{BD'}$ à la place de $\overline{BD}$. On trouveroit de même les modifications qu'apporteroit toute autre mutation dans le système.

95. Si, dans la formule de la proposition, on suppose $\overline{AD} = o$ ou $\overline{BD} = \overline{BA}$, $\overline{DE}$ deviendra $\overline{AE}$, et la formule pourra se réduire à celle-ci :

$$\overline{AE}^2 . \overline{BC} = \overline{AB}^2 . \overline{EC} + \overline{AC}^2 . \overline{BE} - \overline{BC} . \overline{BE} . \overline{EC},$$

par laquelle étant donnés les trois côtés d'un triangle et les segmens faits sur l'un d'eux, on trouvera la droite menée de l'angle opposé au point de séparation des deux segmens, et réciproquement.

96. On voit qu'il n'est pas toujours nécessaire pour trouver les changemens à opérer dans les formules, d'établir en entier la corrélation des figures;

il suffit le plus souvent d'une légère attention pour reconnoître quelles sont les quantités qui deviennent inverses, et dont les valeurs doivent par conséquent changer de signes. Mais il est essentiel d'en connoître le principe; et dans les cas compliqués, il est nécessaire de l'appliquer dans toute son étendue.

97. Il est encore à remarquer que l'énoncé technique d'une proposition comme celle qu'on vient de voir, ne suppose pas qu'on ait sous les yeux le tracé de la figure, et qu'elle le supplée; car l'énoncé même de la proposition précédente apprend, sans que la figure soit tracée, qu'elle est composée de deux triangles ABC, BDE, et de deux lignes droites, contenant chacune trois points rangés dans un ordre donné, lesquels sont, pour la première, A, D, B, rangés dans l'ordre indiqué ADB; et pour la seconde B, E, C, rangés dans l'ordre BEC. Or, avec ces données, on a tout ce qu'il faut pour construire la figure proposée; ce qui ne pourroit avoir lieu sans beaucoup de longueurs en langage ordinaire. Ainsi, l'énoncé technique contient une sorte de description symbolique qui renferme elle-même implicitement la description graphique. Ce n'est pas qu'il ne soit très-utile de s'aider de cette dernière; mais il l'est souvent aussi de pouvoir s'en passer, et de n'avoir à opérer que sur les symboles. C'est même en cela que consiste un des plus grands avantages de l'algèbre, pouvoir se passer de l'inspection de la figure aussi-tôt que ses propriétés en sont traduites en phrases analytiques. Le reste de

cet écrit fournira plusieurs occasions de développer davantage ces idées.

PROBLÊME Ier.

98. D'un point quelconque C pris pour centre (*fig. 6*), soit décrite une circonférence A F A′ F′, et soient tracés dans cette circonférence deux diamètres A A′, F F′, perpendiculaires l'un à l'autre.

Sur le premier quart $\overarc{A\,F}$ de la circonférence, soit pris à volonté un point B, et de ce point, soient menées les perpendiculaires $\overline{B\,D}$, $\overline{B\,E}$, sur les diamètres $\overline{A\,A'}$, $\overline{F\,F'}$, respectivement ; soient enfin menées du point A une tangente indéfinie $\overline{H\,A\,H'}$, du centre C par B, la sécante indéfinie $\overline{C\,H}$; et du point F, la tangente $\overline{F\,G}$.

Cela posé, *prenant pour terme de comparaison ou systéme primitif la figure* ABCDEFGH, *on propose d'établir la corrélation qui existe entre ce systéme primitif et les divers systémes corrélatifs qui peuvent étre formés, en supposant que le point* B *prenne successivement d'autres positions quelconques sur la circonférence tracée.*

Solution. Il faut, d'après ce qui a été dit, concevoir que les rapports existans entre les quantités qui composent le systême proposé, soient exprimées par des formules qui ne contiennent que ces mêmes quantités, et dans lesquelles les signes + et — n'aient d'autre emploi que celui d'indiquer des opérations

exécutables sur ces mêmes quantités ou valeurs absolues ; et la question est de trouver comment on
peut rendre ces formules immédiatement applicables
au systême transformé, lorsque le point B passe par
degrés insensibles de sa position actuelle à une autre
quelconque sur la circonférence tracée.

99. Imaginons d'abord que le point B se meuve
sur le premier quart de la circonférence, soit en se
rapprochant du point A, soit en se rapprochant du
point F, et que, pour chacune de ces positions, on
établisse le systême corrélatif à celui qu'on a pris
pour terme de comparaison ; c'est-à-dire, qu'on
mène les lignes correspondantes à celles qui entrent
dans la composition du systême ci-dessus ; tous ces
systêmes particuliers ne seront autre chose que le
premier systême transformé de diverses manières,
par degrés insensibles.

Mais il est évident que le point B n'étant pas sorti
de ce premier quart de circonférence, et n'ayant
par conséquent passé ni par le point A, ni par le
point F, aucune des quantités du systême n'aura
passé ni par o, ni par ∞. Donc le systême transformé sera toujours demeuré en corrélation directe
avec le systême primitif (16) ; donc tant que le point
B ne sortira pas de ce premier quart de circonférence, aucune des valeurs du systême transformé
ne deviendra inverse ; donc les formules du systême
primitif lui seront immédiatement applicables.

100. Voyons maintenant ce qui arrivera lorsque

le point B, ayant franchi le point F, se trouvera sur le second quart de la circonférence.

Je le suppose arrivé en B′, et j'établis le systême corrélatif en suivant pas à pas la construction du systême primitif; c'est-à-dire, que du nouveau point B′, je mène les deux perpendiculaires $\overline{B'D'}$, $\overline{B'E'}$, sur les diamètres $\overline{AA'}$, $\overline{FF'}$, respectivement; qu'ensuite du point A, qui est toujours supposé l'origine ou le premier point de l'arc, je mène la tangente indéfinie H A H′, qui se confond, pour sa direction, avec celle du premier systême, et qu'enfin, du centre C, par le point B′, correspondant au point B du premier systême, je mène la sécante indéfinie $\overline{H'CG'}$.

Cela posé, en concevant que le point B passe par F pour aller en B′, il est clair qu'au moment de sa coïncidence avec le point F, différentes lignes du systême, telles que $\overline{BE}$, seront devenues o, et que d'autres, comme $\overline{AH}$, seront devenues ∞ . Donc quelques-unes d'entre elles auront pu devenir inverses (53); et pour établir la corrélation cherchée, il faut les distinguer de celles qui sont restées directes.

101. Pour cela, établissons d'abord la corrélation de construction des points, c'est-à-dire, la correspondance des points qui terminent les arcs et droites respectivement tracés dans les deux systêmes.

La série des points du premier systême, auxquels on peut d'ailleurs donner l'ordre qu'on veut, est, comme on le voit, A B C D E F G H, et celle des points du second, pris dans le même ordre en suivant la construction, est A B′ C D′ E′ F G′ H′ : donc la corrélation de construction des points s'établira de cette manière :

Corrélation de construction des points.

1er *Systême*........ A B C D E F G H
2e *Systême*....... A B′ C D′ E′ F G′ H′

Cherchons maintenant la corrélation des *quantités*, c'est-à-dire, celle des valeurs absolues ; après quoi nous viendrons à celle des signes.

102. Cette corrélation sera très-facile à établir, d'après la corrélation de construction des points qu'on vient de donner. On commencera par faire l'énumération des quantités du premier systême ; et pour trouver chacune de leurs correspondantes dans le second, il n'y aura qu'à voir les points qui la terminent ; car cette quantité correspondra évidemment avec celle qui, dans le système primitif, est déterminée par les points correspondans.

Par exemple, A étant le même pour les deux systêmes, et le point B′ du second répondant au point B du premier, il est évident que l'arc $\overset{\frown}{AB'}$ ou $\overset{\frown}{ABB'}$ correspond à l'arc $\overset{\frown}{AB}$ du premier.

Pareillement B′ correspondant à B, et E′ à E, il est clair que $\overline{B'E'}$ correspondra à $\overline{BE}$, ainsi de suite. La corrélation des valeurs absolues sera donc, en prenant pour base la corrélation de construction établie ci-dessus,

Corrélation des valeurs absolues.

$$1^{er}\,Syst...\begin{cases}\overparen{A\,B},\ \overparen{B\,F},\ \overparen{A\,F},\ \overline{AC},\ \overline{FC},\ \overline{B\,C},\ \overline{B\,D},\ \overline{CE},\\[4pt] \overparen{ABB'},\ \overparen{B'F},\ \overparen{A\,F},\ \overline{AC},\ \overline{FC},\ \overline{B'C},\ \overline{B'D'},\ \overline{CE'},\end{cases}$$

$$2^{e}\,Syst...\begin{cases}\overline{BE},\ \overline{CD},\ \overline{AD},\ \overline{FE},\ \overline{AH},\ \overline{FG},\ \overline{CH},\ \overline{C\,G}.\\[4pt] \overline{B'E'},\ \overline{CD'},\ \overline{AD'},\ \overline{FE'},\ \overline{AH'},\ \overline{FG'},\ \overline{CH'},\ \overline{C\,G'}.\end{cases}$$

103. Etablissons maintenant la corrélation des signes, ou les valeurs de corrélation qui se composent de ces signes et des valeurs absolues que nous venons d'énumérer. Pour cela, considérons séparément chacune des quantités du nouveau systême, et comparons-la avec sa correspondante du systême primitif, afin de savoir si elle est restée directe, ou si elle est devenue inverse. C'est ce dont on jugera en examinant la corrélation de position des points, dont la corrélation de construction a servi de base pour les valeurs absolues.

1°. Je vois que $\overparen{A\,B}$ n'a passé ni par o, ni par ∞, pour devenir $\overparen{A\,B'}$ ou $\overparen{A\,B\,B'}$; donc $\overparen{A\,B\,B'}$ est direct; donc son signe de corrélation est $+$.

2°. $\overparen{B\,F}$, en devenant $\overparen{B'F}$, a passé par o lors de la coïncidence de B avec F : cet arc peut donc être devenu inverse ; et cela est en effet, car la corrélation de position des points A, B, F du premier systême, comparés avec les points correspondans A , B′, F du second étant

$$1^{er}\ Systéme. \ldots\ldots \overset{\frown}{ABF}$$

$$2^e\ Systéme. \ldots\ldots \overset{\frown}{AFB'}$$

montre qu'il s'est opéré une inversion dans l'ordre de ces points , et que par conséquent le nouveau système n'est qu'indirectement corrélatif avec le premier. Il résulte de cette corrélation de position, que, dans le premier système, on a

$$\overset{\frown}{BF} = \overset{\frown}{AF} - \overset{\frown}{AB};$$

au lieu que dans le second, on a au contraire

$$\overset{\frown}{BF} = \overset{\frown}{AB'} - \overset{\frown}{AF}:$$

donc $\overset{\frown}{B'F}$ est inverse; donc son signe de corrélation est —.

3°. $\overset{\frown}{AF}$, $\overline{AC}$, $\overline{FC}$, $\overline{BC}$, sont des constantes, et ne peuvent par conséquent passer ni par o, ni par ∞ : donc le signe de corrélation de chacune d'elles est +.

4°. Les droites égales $\overline{BD}$, $\overline{CE}$, n'ont passé ni par o, ni par ∞, pour devenir $\overline{B'D'}$, $\overline{CE'}$; par conséquent le signe de corrélation de ces dernières est +.

5°. Les droites égales $\overline{BE}$, $\overline{CD}$, ont passé par o pour devenir $\overline{B'E'}$, $\overline{CD'}$; elles peuvent donc être inverses, et le sont en effet; car on a, dans le premier système,

$$\overline{CD} = \overline{AC} - \overline{AD};$$

et au contraire, dans le second, on a

$$\overline{CD'} = \overline{AD'} - \overline{AC} :$$

donc $\overline{CD'}$ et son égale $\overline{B'E'}$ ont pour signe de corrélation —.

6°. $\overline{AD}$ n'a passé ni par o, ni par ∞, pour devenir $\overline{AD'}$: donc le signe de corrélation de $\overline{AD'}$ est +.

7°. $\overline{FE}$ a passé par o pour devenir $\overline{FE'}$; elle peut donc être devenue inverse. Cependant elle est restée directe ; car dans le premier système, on a

$$\overline{FE} = \overline{FC} - \overline{EC},$$

et dans le deuxième, on a pareillement

$$\overline{FE'} = \overline{FC} - \overline{E'C} :$$

donc le signe de corrélation de $\overline{FE'}$ est +.

8°. $\overline{AH}$, devenue $\overline{AH'}$, a passé par ∞ au moment de la coïncidence du point B avec F ; il est donc possible que $\overline{AH'}$ soit inverse. Et en effet, si sur le prolongement de $\overline{AH}$, on prend à volonté un point fixe K, la droite $\overline{AK}$ sera constante, c'est-à-dire, la même pour les deux systêmes. Mais dans le systême primitif, on a

$$\overline{AH} = \overline{AK} - \overline{KH} ;$$

et au contraire, dans le système transformé, on a

$$\overline{AH'} = \overline{KH'} - \overline{AK} :$$

donc le signe de corrélation de $\overline{AH'}$ est —.

On peut démontrer la même chose sans recourir

au point d'emprunt K. En effet, les deux triangles ACH', $E'B'C$, donnent

$$\overline{AH'} : \overline{AC} :: \overline{E'C} : \overline{E'B'},$$

ou
$$\overline{AH'} = \frac{\overline{AC} \cdot \overline{E'C}}{\overline{E'B'}}.$$

Or, ce dernier membre doit être pris négativement, puisque, d'après les signes de corrélation trouvés ci-dessus pour $\overline{AC}$, $\overline{E'C}$, $\overline{E'B'}$, celle-ci $\overline{E'B'}$ doit seule être prise négativement. Donc $\overline{AH'}$ doit aussi être prise négativement, c'est-à-dire, avoir — pour signe de corrélation.

9°. Par des raisons semblables, $\overline{FG}$, $\overline{CH}$, deviennent aussi inverses, l'une en passant par o, l'autre par ∞. Donc $\overline{FG'}$, $\overline{CH'}$, ont pour signe de corrélation —.

10°. Enfin $\overline{CG}$ n'ayant passé ni par o, ni par ∞, pour devenir $\overline{CG'}$, elle reste directe. Donc son signe de corrélation est +.

104. Nous pouvons donc former comme il suit le tableau de corrélation des deux systêmes, tant pour les valeurs absolues que pour les signes, en omettant, pour abréger, les quantités constantes dont le signe de corrélation est connu, puisqu'il est toujours +, et l'une de celles qui sont doubles, comme BD, CE.

Corrélation

Corrélation des valeurs absolues et des signes.

$$1^{er}\ Syst\dots \begin{cases} +\overparen{AB},\ +\overparen{BF},+\overline{BD},\ +\overline{BE},\ +\overline{AD},\ +\overline{FE},\ +\overline{AH}, \\ +\overparen{ABB'},-\overparen{B'F},+\overline{B'D'},-\overline{B'E'},+\overline{AD'},+\overline{FE'},-\overline{AH'}, \end{cases}$$

$$\begin{cases} +\overline{FG},\ +\ \overline{CH},\ +\overline{CG}. \\ -\overline{FG'},-\overline{CH'},\ +\overline{CG'}. \end{cases}$$

De plus, ce que nous venons de dire du point B', lui est visiblement applicable tant qu'il ne sort pas du second quart de la circonférence, puisqu'aucune des quantités énumérées, ne passant ni par o, ni par ∞, ne change de signe de corrélation. Donc le tableau de corrélation qu'on vient de trouver a lieu pour tout le deuxième quart de la circonférence. Passons au troisième quart.

105. Je suppose donc le point B' arrivé en B'', après avoir passé par le point A', et j'établis le nouveau systême en suivant pas à pas la construction de chacun des premiers ; c'est-à-dire, que du nouveau point B'', je mène les deux perpendiculaires $\overline{B''D''}, \overline{B''E''}$, sur les diamètres $\overline{AA'}, \overline{FF'}$, respectivement; puis par le point A, qui est toujours l'origine de l'arc, je mène la tangente indéfinie $\overline{HAH'}$, qui se confond, pour sa direction, avec celles des systêmes précédens ; et enfin, par le centre C et le point B'', je mène la sécante indéfinie $\overline{B''CG''}$.

En suivant la même marche que ci-dessus, et prenant pour terme de comparaison le second de ceux que nous avons déja examinés, nous établirons d'abord comme il suit la corrélation de construction des points.

Corrélation de construction des points.

2e *Systéme*....... A B′ C D′ E′ F G′ H′
3e *Systéme*....... A B″ C D″ E″ F G″ H″

En partant de cette base, nous établirons sans difficulté la corrélation des valeurs absolues comme il suit :

$$2^e\,\textit{Syst}...\left\{\;\overbrace{\text{A B B}'},\quad \overbrace{\text{F B}'},\quad \overline{\text{B}'\text{D}'},\;\overline{\text{B}'\text{E}'},\;\overline{\text{A D}'},\;\overline{\text{E}'\text{F}},\right.$$
$$3^e\,\textit{Syst}...\left\{\;\overbrace{\text{A B B}'\text{B}''},\overbrace{\text{F B}'\text{B}''},\overline{\text{B}''\text{D}''},\overline{\text{B}''\text{E}''},\overline{\text{A D}''},\overline{\text{E}''\text{F}},\right.$$

$$\left\{\;\overline{\text{A H}'},\;\overline{\text{F G}'},\;\overline{\text{C H}'},\;\overline{\text{C G}'}.\right.$$
$$\left\{\;\overline{\text{A H}''},\;\overline{\text{F G}''},\;\overline{\text{C H}''},\;\overline{\text{C G}''}.\right.$$

Il nous reste à établir la corrélation des signes. Pour cela, il faudra considérer séparément chacune des quantités du nouveau système, et la comparer avec sa correspondante dans le systême précédent, pris maintenant pour terme de comparaison. Si les quantités, ainsi comparées deux à deux, n'ont point changé de corrélation entre elles, leurs valeurs conserveront le même signe de corrélation ; c'est-à-dire, qu'il faudra donner à chacune de celles du troisième le même signe de corrélation qu'a sa correspondante dans le second ; et si ces quantités ont changé de corrélation l'une à l'égard de l'autre, il faudra donner à chacune des valeurs qui se trouvent dans le troisième systême, le signe de corrélation contraire à celui de sa correspondante dans le second. Ainsi,

$\overset{\frown}{A\,B\,B'}$ n'ayant passé ni par o, ni par ∞, pour devenir $\overset{\frown}{A\,B\,B'\,B''}$, doit rester comme dans le second systême; c'est-à-dire, que son signe de corrélation dans le troisième systême, est aussi +.

$\overset{\frown}{F\,B'}$ n'a pareillement passé ni par o, ni par ∞, pour devenir $\overset{\frown}{F\,B'\,B''}$. Donc il doit conserver le même signe de corrélation qu'il avoit dans le second systême; c'est-à-dire, —.

106. En continuant de procéder ainsi pour toutes les autres quantités, on établira comme il suit la corrélation des signes pour le troisième systême.

3e *Syst*... $+\overset{\frown}{ABB'B''}, -\overset{\frown}{FB'B''}, -\overline{B''D''}, -\overline{B''E''}, +\overline{AD''}$
$+\overline{FE''}, +\overline{AH''}, +\overline{FG''}, -\overline{CH''}, -\overline{CG''}$

De plus, ce que nous venons de dire du point B″ lui est visiblement applicable, tant qu'il ne sortira pas du troisième quart de la circonférence. Donc les signes de corrélation trouvés ci-dessus ont lieu pour tout le troisième quart de la circonférence. Passons au quatrième quart.

107. Supposons donc que B″ vienne se placer en B‴, après avoir passé par F′; établissons ce nouveau systême en menant les perpendiculaires $\overline{B'''D'''}$, $\overline{B'''E'''}$, sur les diamètres $\overline{A\,A'}$, $\overline{F\,F'}$, respectivement, la tangente indéfinie $\overline{H\,A\,H'''}$, et enfin la sécante indéfinie $\overline{C\,B'''\,H'''}$.

Le nouveau systême sera donc, en suivant l'ordre des points dans la construction comme ci-dessus, $AB'''CD'''E'''FG'''H'''$. Prenant donc pour terme de comparaison le systême précédent, et procédant comme on l'a fait pour les systêmes déjà examinés, on établira la corrélation des valeurs absolues et des signes pour ce quatrième systême, comme il suit :

$$4^e\ Syst.... \ +\overset{\frown}{AB\,B'B''B'''},\ -\overset{\frown}{FB\,B''B'''},\ -\overline{B'''D'''},$$
$$+\overline{B'''E'''},+\overline{AD'''},+\overline{FE'''},-\overline{AH'''},-\overline{FG'''},+\overline{CH'''},-\overline{CG'''}.$$

Et il est évident que ces signes de corrélation seront pour tout le quatrième quart de circonférence.

108. On pourroit former un cinquième systême en imaginant que le point B''' revient à sa première position B en passant par le point A; puis un sixième, en imaginant qu'il va se replacer de nouveau au point B' en passant encore par F; ainsi de suite : mais il est clair que les quantités et valeurs qui entreroient dans la composition de ces nouveaux systêmes, ne différeroient des premiers que par les arcs, qui deviendroient plus grands que la circonférence; c'est-à-dire, par exemple, que, pour le cinquième systême, l'arc ne seroit plus $\overset{\frown}{AB}$, comme dans le premier, mais une circonférence entière, plus ce même arc $\overset{\frown}{AB}$; tandis que toutes les droites tracées dans ce cinquième systême seroient les mêmes que dans le premier. Il en seroit de même du sixième systême comparé au second, du septième comparé au troisième, du huitième comparé au quatrième,

du neuvieme comparé de nouveau au premier, etc. On peut donc ramener tous les systêmes possibles aux quatre que nous venons d'examiner.

109. Réunissons en un seul tableau les corrélations des quatre systêmes; et puisque ces corrélations ne changent pas tant que les points B, B′, B″, B‴, restent chacun dans le quart de circonférence qui lui a été assigné. Nous pouvons supposer, pour plus de simplicité (*fig. 7*), que E et E′ coïncident ensemble, de même que E″ et E‴, D et D‴, D′ et D″, ce qui nous donnera

$$\overline{BD} = \overline{B'D'} = \overline{B''D''} = \overline{B'''D'''}$$

et
$$\overline{BE} = \overline{B'E'} = \overline{B''E''} = \overline{B'''E'''}.$$

Le tableau général de corrélation des quatre systêmes examinés sera donc établi comme il suit :

$$
\begin{array}{ll}
\text{Syst. du 1}^{er}\text{ quart de circ.} & +\overparen{AB},\ldots\ldots\ldots +\overparen{FB},\ldots\ldots \\
\text{Syst. du 2}^{e}\text{ quart de circ.} & +\overparen{A\,B\,B'},\ldots\ldots -\overparen{FB'},\ldots\ldots \\
\text{Syst. du 3}^{e}\text{ quart de circ.} & +\overparen{ABB'B''},\ldots -\overparen{FB'B''},\ldots \\
\text{Syst. du 4}^{e}\text{ quart de circ.} & +\overparen{ABB'B''B'''},\ldots -\overparen{FB'B''B'''},\ldots
\end{array}
$$

$$
\begin{cases}
+\overline{BD},+\overline{BE},+\overline{AD},\ +\overline{FE},\ +\overline{AH},+\overline{FG},+\overline{CH},+\overline{CG}. \\
+\overline{BD},-\overline{BE},+\overline{AD'},+\overline{FE},\ -\overline{AH},-\overline{FG},-\overline{CH},+\overline{CG}. \\
-\overline{BD},-\overline{BE},+\overline{AD'},+\overline{FE''},+\overline{AH},+\overline{FG},-\overline{CH},-\overline{CG}. \\
-\overline{BD},+\overline{BE},+\overline{AD},+\overline{FE''},-\overline{AH},-\overline{FG},+\overline{CH},-\overline{CG}.
\end{cases}
$$

110. Si donc les propriétés du système primitif, c'est-à-dire, du premier quart de circonférence, sont exprimées par des formules quelconques, où

n'entrent que les variables comprises dans le tableau, et où les signes + et — n'aient d'autre emploi que celui d'indiquer des opérations exécutables sur ces quantités ; on n'aura (27), pour rendre ces formules immédiatement applicables à un autre point quelconque de la circonférence, qu'à y faire les changemens indiqués par le tableau, suivant que la seconde extrémité de l'arc dont la première est au point A , se trouvera sur le second , le troisième ou le quatrième quart de la circonférence.

111. Les résultats de ce tableau peuvent se réduire à une règle fort simple. Cette règle est : 1°. que le signe de corrélation est + pour la valeur de la droite $\overline{BD}$, tant que le point B est au-dessus du diamètre $\overline{AA'}$, passant par le premier point A de l'arc ; c'est-à-dire, du même côté que le systême primitif ; et — pour cette même droite, $\overline{BD}$, dès que le point B passe au-dessous de $\overline{AA'}$, comme lorsqu'il vient en B″ ou B‴ : 2°. que le signe de corrélation est + pour la droite $\overline{BE}$ perpendiculaire au diamètre $\overline{FF'}$, tant que le point B se trouve, par rapport à $\overline{FF'}$, du côté où est le premier point A de l'arc ; et — dès qu'il passe de l'autre côté, comme en B′ ou B″.

Quant aux autres droites du systême, leurs signes de corrélation se déduisent de cette même règle, en en exprimant la valeur par celles dont cette règle fait connoître le signe. Par exemple, veut-on savoir le signe de AH'''? On fera cette proportion :

$$\overline{AH'''} : \overline{AC} :: \overline{B'''D'''} : \overline{CD'''}.$$

Donc
$$\overline{AH'''} = \frac{\overline{AC . B'''.D'''}}{\overline{CD'''}}.$$

Or, AC, étant une constante, a pour signe de corrélation $+$; $\overline{B'''D'''}$, qui correspond à la partie inférieure de la circonférence, doit, par la règle précédente, avoir — pour signe de corrélation ; et enfin $\overline{CD'''}$ ou $\overline{B'''E'''}$ tombant sur FF' du côté où est le point A de l'arc, doit, par la seconde partie de la règle, avoir + pour signe de corrélation. Donc la valeur de corrélation cherchée de $\overline{AH'''}$, est $-\dfrac{\overline{B'''D'''} . \overline{AC}}{\overline{CD'''}}$, c'est-à-dire, négative : donc son signe de corrélation est —. Il en est de même de toutes les autres valeurs énumérées dans le tableau.

112. Tout cela s'accorde visiblement avec ce que nous avons dit (55) sur les racines de l'équation qui existe entre les coordonnées d'une même courbe; car nous avons vu que ces racines se rapportent à la branche de la courbe située de l'autre côté de l'axe, à l'égard du système sur lequel le raisonnement a été établi. Ici le raisonnement a été établi sur le premier quart de circonférence ; les abscisses sont comptées du centre et représentées par $\overline{CE}$ ou $\overline{BD}$, et les ordonnées par $\overline{BE}$ ou $\overline{CD}$: donc lorsque les valeurs de corrélation de ces ordonnées deviennent néga-

tives, c'est une preuve que cette ordonnée est in-verse, ou répond à l'autre côté de l'axe $\overline{FF'}$; et pareillement, lorsque les valeurs de corrélation des abscisses deviennent négatives, c'est une preuve que ces abscisses sont inverses, ou répondent à l'autre côté de l'axe $\overline{AA'}$, à l'égard du premier quart de la circonférence, sur lequel le raisonnement a été établi.

113. On s'exprime d'une manière peu exacte, ou au moins fort obscure, en disant, par exemple, que la quantité $\overline{BE}$ devient négative lorsque le point B passe en B′, et qu'en supposant la coïnci-dence de E et E′, on a

$$\overline{B'E} = -\overline{BE} \ (\textit{fig. } 7);$$

que pareillement on a

$$\overline{B'''D} = -\overline{BD}.$$

Pour faire sentir l'inconvénient de ces sortes d'ex-pressions, il n'y a qu'à remarquer qu'on a

$$\overline{BB'} = \overline{BE} + \overline{B'E}.$$

Mettant pour B′E sa valeur tirée de l'équation pré-cédente, on aura

$$\overline{BB'} = 0;$$

ce qui répugne. On trouvera de même

$$\overline{BB'''} = \overline{BD} + \overline{B'''D},$$

qui, en substituant la valeur de B′′′D tirée de l'équa-tion $\overline{B'''D} = -\overline{BD}$, se réduit pareillement à

$$\overline{BB'''} = 0;$$

autre résultat que le bon sens repousse. En admettant ces résultats, on auroit

$$\overline{B\,B'} \cdot \overline{B\,B'''} = 0,$$

d'où suivroit, par exemple, que le quarré inscrit dans un cercle seroit o. On sent bien que si l'on admettoit de pareilles conclusions en mathématiques, cette science de l'évidence seroit bientôt tellement dénaturée, qu'on ne s'entendroit plus ; et cependant, en regardant les quantités $\overline{B'E}$, $\overline{B'''D}$, comme négatives, il est bien difficile de se défendre du paralogisme. Il faut donc en revenir à la distinction que nous avons établie entre les quantités proprement dites ou valeurs absolues, et leurs valeurs de corrélation : car ce n'est point $\overline{B'E}$, mais sa valeur de corrélation qui est égale à $-\,\overline{B\,E}$; c'est-à-dire, qu'on a, non pas $\overline{B'E} = -\,\overline{B\,E}$, mais $-\,\overline{B'E} = -\,\overline{B\,E}$; et alors il n'y a plus matière au paralogisme.

114. Supposons le rayon de la circonférence $\overline{A\,F\,A'\,F'}$ représenté par 1 ; nommons ϖ le quart de la circonférence, et faisons $\overset{\frown}{A\,B} = a$; nous aurons donc

$$\overset{\frown}{AB}=a,\ \overset{\frown}{ABB'}=2\varpi-a,\ \overset{\frown}{ABB'B''}=2\varpi+a,\ \overset{\frown}{ABB'B''B'''}=4\varpi-a$$

$$\overset{\frown}{BF}=\varpi-a,\ \overset{\frown}{FB'}=\varpi-a,\ \overset{\frown}{FB'B''}=\varpi+a,\ \overset{\frown}{FB'B''B'''}=3\varpi-a$$

$$\overline{BD}=\sin a,\ \overline{BE}=\cos a,\ \overline{AD}=\sin v\,a,\ \overline{FE}=\cos v\,a,\ \overline{AD'}=2-\sin v\,a.$$

$$\overline{AH}=\tang a,\ \overline{FG}=\cot a,\ \overline{CH}=\sec a,\ \overline{CG}=\cosec a,\ \overline{FE''}=2-\cos v\,a.$$

En substituant ces valeurs dans le tableau général

de corrélation formé ci-dessus, il prendra une nouvelle forme.

115. Mais avant d'opérer cette substitution, je
remarque que, d'après ce qui a été dit (108), ce
nouveau tableau sera encore susceptible d'une plus
grande généralité : car si l'on suppose que le point B
arrivé en B''' continue de circuler en rentrant dans
le premier quart de la circonférence, et reprenant
sa première position, il est clair que les sinus, cosinus, etc. reviendront à ce qu'ils étoient, et que le
nouveau systême ne différera du systême primitif
qu'en ce que l'arc $\overparen{A\,B}$ sera devenu

$$\overparen{A\,B\,B'\,B''\,B'''\,B} = 4\,\varpi + a,$$

et que l'arc $\overparen{B\,F}$ sera devenu

$$\overparen{F\,B'\,B''\,B'''\,B} = 3\,\varpi + a.$$

Supposons qu'il fasse encore un nouveau tour : l'arc
$\overparen{A\,B}$ deviendra $\qquad 8\,\varpi + a,$

et $\overparen{B\,F}, \qquad\qquad 7\,\varpi + a.$

Enfin, s'il décrit un nombre m de circonférences
entières, l'arc $\overparen{A\,B}$ deviendra

$$4\,m\,\varpi + a,$$

et l'arc $\overparen{B\,F}, \quad (4\,m - 1)\,\varpi + a,$

sans que les sinus, cosinus, etc. aient changé. On
pourra donc, dans le tableau, au lieu du premier
terme a du premier systême, mettre en général

$4\,m\,\varpi + a$, et au lieu du second $\varpi - a$, mettre en général $\overline{4\,m - 1}\,\varpi + a$. En appliquant la même observation aux second, troisième et quatrième quarts de la circonférence, on formera le tableau général suivant de corrélation entre tous les systêmes possibles.

$$
\begin{array}{l}
\textit{Syst. des arcs dont le dernier point tombe sur le 1}^{\text{er}}\textit{ arc de la circonférence}\dots\dots
\end{array}
\quad +4m\,\varpi + a,\ \dots\ -\overline{4m-1}.\varpi - a,
$$

$$
\begin{array}{l}
\textit{Syst. des arcs dont le dernier point tombe sur le 2}^{\text{e}}\textit{ arc de la circonférence}\dots\dots
\end{array}
\quad +\overline{4m+2}.\varpi - a,\ -\overline{4m+1}.\varpi + a,
$$

$$
\begin{array}{l}
\textit{Syst. des arcs dont le dernier point tombe sur le 3}^{\text{e}}\textit{ arc de la circonférence}\dots\dots
\end{array}
\quad +\overline{4m+2}.\varpi + a,\ -\overline{4m+1}.\varpi - a,
$$

$$
\begin{array}{l}
\textit{Syst. des arcs dont le dernier point tombe sur le 4}^{\text{o}}\textit{ arc de la circonférence}\dots\dots
\end{array}
\quad +\overline{4m+4}.\varpi - a,\ -\overline{4m+5}.\varpi + a,
$$

$$
\left\{
\begin{array}{llll}
+\sin a, & +\cos a, & +\sin\mathrm{v}\,a, & +\cos\mathrm{v}\,a, \\
+\sin a, & -\cos a, & +(2-\sin\mathrm{v}\,a), & +\cos\mathrm{v}\,a, \\
-\sin a, & -\cos a, & +\,2-\sin\mathrm{v}\,a, & +(2-\cos\mathrm{v}\,a), \\
-\sin a, & +\cos a, & +\sin\mathrm{v}\,a, & +(2-\cos\mathrm{v}\,a),
\end{array}
\right.
$$

$$
\left\{
\begin{array}{llll}
+\tan g\,a, & +\cot a, & +\sec a, & +\csc a. \\
-\tan g\,a, & -\cot a, & -\sec a, & +\csc a. \\
+\tan g\,a, & +\cot a, & -\sec a, & -\csc a. \\
-\tan g\,a, & -\cot a, & +\sec a, & -\csc a.
\end{array}
\right.
$$

116. Au moyen de ce tableau général de corrélation, si l'on avoit une ou plusieurs formules entre

les quantités qui composent le système primitif, c'est-à-dire, celui des arcs moindres que le quart de circonférence qui a été pris pour terme de comparaison, en substituant à leurs places les valeurs qui lui correspondent dans l'un quelconque des autres systêmes, les formules auroient encore lieu, et seroient immédiatement applicables à cet autre système. Et réciproquement, on peut passer de l'un quelconque des quatre systêmes à celui des trois autres que l'on voudra, en substituant les valeurs de corrélation des quantités qui composent ce dernier, aux valeurs de corrélation qui composent l'autre.

117. Il est à remarquer que, dans ce tableau, on peut prendre, tant pour l'arc a que pour le nombre m, ou seulement pour l'un des deux, une valeur négative. Il en résultera seulement (28) que les nouvelles formules ne seront plus immédiatement applicables aux mêmes systêmes, mais à d'autres systêmes corrélatifs ; et l'on verra aisément que ces systêmes sont ceux qui naîtroient en faisant circuler B dans le sens contraire au premier, c'est-à-dire, dans le sens $BB'''B''B'$, au lieu que nous l'avions fait circuler dans le sens $BB'B''B'''$.

118. Il suit encore de ce tableau, qu'il faut distinguer pour chaque arc, ainsi que pour ses sinus, cosinus, etc. deux valeurs, savoir : sa valeur absolue, et sa valeur de corrélation. La première est celle qui a lieu, abstraction faite du signe qui l'affecte dans

le tableau ; la seconde est cette même valeur prise collectivement avec le signe de corrélation.

Par exemple, le sinus de l'arc $\overline{4m+2} \cdot \varpi + a$, du troisième systême, a pour valeur absolue sin a, la même que sa correspondante dans le systême primitif ; mais sa valeur de corrélation est — sin a. C'est donc cette dernière valeur qu'il faut substituer (27) dans les formules du systême primitif, au lieu de sa valeur primitive + sin a, pour rendre ces formules immédiatement applicables au cas où l'arc, qui, dans le systême primitif, est a, devient, comme on le suppose, $\overline{4m+2} \cdot \varpi + a$; c'est-à-dire, en général, répondant au troisième quart de la circonférence.

Il suit de-là que, dans le second systême, par exemple, — cos a est la valeur de corrélation du cosinus de l'arc $\overline{4m+2} \cdot \varpi - a$; que dans le troisième, — sin a est la valeur de corrélation du sinus de l'arc $\overline{4m+2} \cdot \varpi + a$; ainsi de suite.

119. Lorsqu'on emploie dans le discours ou dans le calcul, les expressions d'*arcs*, de *sinus*, *cosinus*, *tangentes*, *etc.* ou leurs abréviations, sans prévenir s'il s'agit de leurs valeurs absolues ou de leurs valeurs de corrélation, on entend toujours qu'il s'agit de ces dernières ; et lorsqu'on veut parler des valeurs absolues, on en avertit expressément. Mais cette observation ne peut porter que sur les arcs qui ne sont pas compris dans le premier quart de la circonférence, puisque pour ceux-ci, la valeur de corré-

lation n'est pas différente de la valeur primitive.

Nous aurons donc dans le second système, par exemple,

$$\cos(\overline{4m+2}.\varpi - a) = -\cos a;$$

dans le troisième,

$$\sin(\overline{4m+2}.\varpi + a) = -\sin a;$$

ainsi des autres; c'est-à-dire, que le tableau général de corrélation nous fournit cette série d'équations :

$$\begin{cases} \sin(4m\varpi + a) = \sin a \\ \sin(\overline{4m+2}.\varpi - a) = \sin a \\ \sin(\overline{4m+2}.\varpi + a) = -\sin a \\ \sin(4m\varpi - a) = -\sin a \end{cases}$$

$$\begin{cases} \cos(4m\varpi + a) = \cos a \\ \cos(\overline{4m+2}.\varpi - a) = -\cos a \\ \cos(\overline{4m+2}.\varpi + a) = -\cos a \\ \cos(4m\varpi - a) = \cos a \end{cases}$$

$$\begin{cases} \sin v(4m\varpi + a) = \sin v\,a \\ \sin v(\overline{4m+2}.\varpi - a) = 2 - \sin v\,a \\ \sin v(\overline{4m+2}.\varpi + a) = 2 - \sin v\,a \\ \sin v(4m\varpi - a) = \sin v\,a \end{cases}$$

$$\begin{cases} \cos v(4m\varpi + a) = \cos v\,a \\ \cos v(\overline{4m+2}.\varpi - a) = \cos v\,a \\ \cos v(\overline{4m+2}.\varpi + a) = 2 - \cos v\,a \\ \cos v(4m\varpi - a) = 2 - \cos v\,a \end{cases}$$

$$\left\{\begin{array}{l} \text{tang}\,(4\,m\,\varpi + a) = \text{tang}\,a \\ \text{tang}\,(\overline{4\,m + 2}\,.\,\varpi - a) = -\,\text{tang}\,a \\ \text{tang}\,(\overline{4\,m + 2}\,.\,\varpi + a) = \text{tang}\,a \\ \text{tang}\,(4\,m\,\varpi - a) = -\,\text{tang}\,a \end{array}\right.$$

$$\left\{\begin{array}{l} \cot\,(4\,m\,\varpi + a) = \cot\,a \\ \cot\,(\overline{4\,m + 2}\,.\,\varpi - a) = -\,\cot\,a \\ \cot\,(\overline{4\,m + 2}\,.\,\varpi + a) = \cot\,a \\ \cot\,(4\,m\,\varpi - a) = -\,\cot\,a \end{array}\right.$$

$$\left\{\begin{array}{l} \text{séc}\,(4\,m\,\varpi + a) = \text{séc}\,a \\ \text{séc}\,(\overline{4\,m + 2}\,.\,\varpi - a) = -\,\text{séc}\,a \\ \text{séc}\,(\overline{4\,m + 2}\,.\,\varpi + a) = -\,\text{séc}\,a \\ \text{séc}\,(4\,m\,\varpi - a) = \text{séc}\,a \end{array}\right.$$

$$\left\{\begin{array}{l} \text{coséc}\,(4\,m\,\varpi + a) = \text{coséc}\,a \\ \text{coséc}\,(\overline{4\,m + 2}\,.\,\varpi - a) = \text{coséc}\,a \\ \text{coséc}\,(\overline{4\,m + 2}\,.\,\varpi + a) = -\,\text{coséc}\,a \\ \text{coséc}\,(4\,m\,\varpi - a) = -\,\text{coséc}\,a \end{array}\right.$$

120. L'arc $\overset{\frown}{\text{B F}}$ ou $\varpi - a$, qui forme le second terme du tableau dans le système primitif, est le complément de l'arc a : ainsi, le second terme, pour chacun des autres systêmes, est la valeur de corrélation correspondante. Par exemple, dans le second systême, le second terme $-(\overline{4\,m + 1}\,.\,\varpi + a)$ est la valeur de corrélation du complément de l'arc, qui a lui-même pour valeur de corrélation le premier terme $\overline{4\,m + 2}\,.\,\varpi - a$; ce qu'on exprime (119)

en disant que le second terme est le complément du premier ; et comme dans les quatre systêmes la somme faite du premier terme et du second est toujours ϖ, on en conclut que la somme faite d'un arc et de son complément, est toujours le quart de la circonférence ; ou, ce qui revient au même, on nomme en général complément d'un arc ce qu'il faut lui ajouter pour faire le quart de la circonférence ; mais d'après ce qu'on vient de dire, cela ne s'applique immédiatement qu'aux arcs moindres que le quart de cette circonférence. Pour tous les autres, ce n'est pas des arcs eux-mêmes, mais seulement de leurs valeurs de corrélation que ces définitions doivent s'entendre.

121. Il en est de même du supplément d'un arc, lorsqu'on dit que ce supplément est ce qu'il faut ajouter à l'arc pour faire une demi-circonférence. Cela s'entend des valeurs de corrélation seulement, à moins que l'arc n'appartienne au systême primitif, c'est-à-dire, ne soit moindre que le quart de la circonférence.

122. Par la série des équations trouvées ci-dessus, on voit, par exemple,

Que les sinus et cosinus verses de tout arc quelconque (c'est-à-dire (119), leurs valeurs de corrélation) sont positifs ;

Que la sécante est toujours du même signe que le cosinus ;

Que la cosécante est toujours du même signe que le sinus ;

Que

Que la tangente et la cotangente sont toujours de mêmes signes ;

Que le signe de la tangente et celui de la cotangente sont toujours $+$ lorsque le sinus et le cosinus sont de mêmes signes, et $-$ lorsqu'ils sont de signes différens ;

Que le cosinus de tout angle obtus est négatif ;

Que les cosinus de deux arcs égaux, mais l'un positif, l'autre négatif, sont égaux entre eux ;

Que le sinus de tout arc plus grand que la demi-circonférence, mais moindre que la circonférence entière, est négatif ou positif, suivant qu'au contraire l'arc lui-même est positif ou négatif ;

Que le sinus d'un arc est toujours égal au sinus de son supplément ;

Que le cosinus d'un arc est toujours égal à $-$ le cosinus de son supplément ;

etc. etc. etc.

123. Ces propriétés particulières peuvent se démontrer chacune isolément, sans recourir au tableau général de corrélation. Par exemple, on sait que, pour tout arc moindre que le quart de la circonférence, on a

$$\cos a : \sin a :: 1 : \tang a ;$$

donc
$$\tang a = \frac{\sin a}{\cos a} ;$$

donc (20) la même équation a lieu pour tous les systêmes possibles, en substituant à ces quantités primitives leurs valeurs de corrélation ; donc si le

F

sinus et le cosinus d'un arc quelconque ont le même signe de corrélation, la tangente aura + pour le sien, et — si les signes de corrélation du sinus et du cosinus sont différens, ainsi que le portent les propositions particulières qu'on vient de voir.

Pareillement on a

$$\cos a : 1 :: 1 : \sec a ;$$

donc $$\sec a = \frac{1}{\cos a} ;$$

donc le signe de corrélation de la sécante est toujours le même que celui du cosinus ; ce que nous exprimons (119) en disant que la sécante est toujours de même signe que le cosinus. Cela se rapporte à ce que nous avons déjà dit (111).

124. Je me suis fort étendu sur cet exemple familier pour développer davantage les principes exposés précédemment, et montrer combien il est essentiel de distinguer exactement dans un systême de quantités, les valeurs de corrélation des valeurs absolues, et de tout rapporter à un systême primordial, lorsqu'on ne veut jamais procéder que d'une manière claire et satisfaisante pour l'esprit. Cette marche, au surplus, n'apporte aucunes nouvelles difficultés de plus, et sert, au contraire, à en prévenir beaucoup.

125. Il paroîtroit plus naturel de comparer directement un arc à sa corde même qu'à son sinus, qui est la moitié de la corde d'un arc double ; et il est probable qu'on a commencé par en user ainsi. L'in-

vention des sinus doit sa naissance aux efforts qu'on a faits pour trouver la résolution des triangles. On a pu s'appercevoir bientôt que cette résolution, en général, pouvoit toujours se ramener à celle des triangles rectangles. On a donc pris pour terme de comparaison un triangle rectangle d'une base donnée, dont l'hypoténuse, par exemple, étoit représentée par 1 ; on a calculé ce triangle pour tous les cas possibles, d'après cette hypothèse, et l'on a dressé des tables où ce calcul se trouve tout fait. Ces tables sont précisément celles qu'on nomme *tables des sinus*. C'est l'idée très-juste et très-lumineuse qu'en donne depuis long-temps *Lacroix* dans ses Cours, et sur laquelle il a formé le plan de sa Trigonométrie.

126. Soit (*fig.* 8), sur l'hypoténuse $\overline{BC}$ de ce triangle rectangle, $\overline{ABC}$, prise pour diamètre, décrite une circonférence, elle passera par le sommet A de l'angle droit. Or, je dis qu'en représentant l'hypoténuse $\overline{BC}$ par 1, le côté $\overline{AB}$ est le sinus de l'angle ACB; car si du centre D on mène à $\overline{AC}$ la parallèle $\overline{DH}$, il est clair qu'elle tombera sur le milieu de $\overline{AB}$: donc le sinus de ADH ou ACB est

$$\frac{\overline{AH}}{\overline{BD}} = \frac{\overline{AB}}{\overline{BC}},$$

ou, à cause de $\overline{BC} = 1$, on aura

$$\sin ACB = \overline{AB};$$

c'est-à-dire, que le sinus de l'angle A C B est égal à la corde sur laquelle il est appuyé dans ce cercle, dont le diamètre est 1 ; et comme tout autre angle, tel que A F B, appuyé sur la même corde, et ayant son sommet à la circonférence, a la même mesure, on peut dire en général (attendu que dans différens cercles, les cordes des arcs d'un même nombre de degrés sont proportionnelles aux diamètres) que *le sinus de tout angle inscrit dans un cercle quelconque, est égal à la corde sur laquelle il est appuyé, divisée par le diamètre.*

C'est sous ce rapport que j'envisagerai la théorie des quantités angulaires dans la question suivante.

PROBLÊME II.

127. *Tracer une figure qui représente les principaux rapports existans entre les sinus et cosinus de deux angles proposés, les sinus et cosinus de leur somme, et les sinus et cosinus de leur différence.*

Solution. Soient m et n les deux angles proposés, que je suppose d'abord chacun, ainsi que leur somme $m + n$, moindres que le quart de la circonférence, afin de les rapporter plus facilement aux formules du système primitif dont il a été question dans le problême précédent. Supposons de plus $m > n$, et nommons ϖ l'angle droit.

Traçons à volonté une droite $\overline{A D}$ (*fig.* 9), et faisons d'un côté de cette droite l'angle B A D $= m$, et de l'autre, l'angle $CAD = n$. Par un point E pris à volonté sur $\overline{AD}$, menons $\overline{BC}$ qui lui soit perpendiculaire; inscrivons le triangle ABC dans un cercle, et supposons, pour plus de simplicité, le diamètre de ce cercle représenté par 1; menons enfin les deux droites $\overline{BD}, \overline{CD}$, et faisons $\overline{EF} = \overline{CE}$ et $\overline{EH} = \overline{DE}$. Cela posé, je dis qu'on aura les formules suivantes, qui expriment les rapports demandés.

$$\overline{AB} = \cos n$$
$$\overline{AC} = \cos m$$
$$\overline{BD} = \sin m$$
$$\overline{CD} = \sin n$$
$$\overline{BC}\begin{cases} = \sin(m+n) \\ = \sin m \cos n + \sin n \cos m \end{cases}$$
$$\overline{AD}\begin{cases} = \cos(m-n) \\ = \cos m \cos n + \sin m \sin n \end{cases}$$
$$\overline{BF}\ ou\ \overline{BE} - \overline{EC}\begin{cases} = \sin(m-n) \\ = \sin m \cos n - \sin n \cos m \end{cases}$$
$$\overline{AH}\ ou\ \overline{AE} - \overline{DE}\begin{cases} = \cos(m+n) \\ = \cos m \cos n - \sin m \sin n \end{cases}$$
$$\overline{BE}\begin{cases} = \tfrac{1}{2}\sin(m+n) + \tfrac{1}{2}\sin(m-n) \\ = \sin m \cos n \end{cases}$$
$$\overline{CE}\begin{cases} = \tfrac{1}{2}\sin(m+n) - \tfrac{1}{2}\sin(m-n) \\ = \sin n \cos m \end{cases}$$
$$\overline{AE}\begin{cases} = \tfrac{1}{2}\cos(m-n) + \tfrac{1}{2}\cos(m+n) \\ = \cos m \cos n \end{cases}$$
$$\overline{DE}\begin{cases} = \tfrac{1}{2}\cos(m-n) - \tfrac{1}{2}\cos(m+n) \\ = \sin m \sin n \end{cases}$$

F 3

$$\overline{BC}\cdot\overline{BF}\begin{cases}=\sin(m+n)\cdot\sin(m-n)\\=\sin^2 m-\sin^2 n\\=\cos^2 n-\cos^2 m\end{cases}$$

$$\overline{AD}\cdot\overline{AH}\begin{cases}=\cos(m-n)\cdot\cos(m+n)\\=\cos^2 m-\sin^2 n\\=\cos^2 n-\sin^2 m\end{cases}$$

$$\overline{AB}^2+\overline{DC}^2\begin{cases}=\sin^2 n+\cos^2 n\\=1\end{cases}$$

$$\overline{AC}^2+\overline{BD}^2\begin{cases}=\sin^2 m+\cos^2 m\\=1\end{cases}$$

$$\overline{AE}^2+\overline{BE}^2+\overline{CE}^2+\overline{DE}^2=1.$$

128. En effet, le diamètre étant représenté par 1, chacun des angles qui ont leur sommet à la circonférence a (126) pour sinus la corde sur laquelle il est appuyé. Donc d'abord

$$\overline{BD}=\sin m,\qquad\overline{CD}=\sin n,$$

ainsi qu'il est porté au tableau précédent. De plus, l'angle E étant droit par hypothèse, l'angle A B C est complément de m, et A C B complément de n. Donc on a aussi

$$\overline{AB}=\cos n,\qquad\overline{AC}=\cos m;$$

et par la même raison, B A C étant $m+n$, on a

$$\overline{BC}=\sin(m+n),$$

comme il est porté au tableau.

ϖ étant le quart de la circonférence, l'angle A B D ou A B C + C B D sera $\varpi-m+n$, ou complément de $m-n$. Donc

$$\overline{AD} = \cos(m-n);$$

comme le porte le tableau.

Menons la droite $\overline{AF}$ prolongée jusqu'à la circonférence en G, et tirons $\overline{BG}$. Puisque par l'hypothèse on a $\overline{FE} = \overline{EC}$, on aura

$$GAD = DAC = n:$$

donc
$$BAG = m-n;$$
donc
$$\overline{BG} = \sin(m-n).$$

Or, il est facile de voir que le triangle BGF est isoscèle, c'est-à-dire, que $\overline{BF} = \overline{BG}$: donc

$$\overline{BF} = \sin(m-n),$$

comme l'indique le tableau ; et par un raisonnement semblable, on verra que $\overline{AH} = \cos(m+n)$.

La somme des deux segmens $\overline{BE}$, $\overline{CE}$, est $\overline{BC}$ ou $\sin(m+n)$, et leur différence est $\overline{BF}$ ou $\sin(m-n)$. Donc le plus grand,

$$\overline{BE} = \tfrac{1}{2}\sin(m+n) + \tfrac{1}{2}\sin(m-n),$$

et le plus petit,

$$\overline{CE} = \tfrac{1}{2}\sin(m+n) - \tfrac{1}{2}\sin(m-n),$$

ainsi qu'il est porté au tableau ; et par un raisonnement semblable, on verra que

$$\overline{AE} = \tfrac{1}{2}\cos(m-n) + \tfrac{1}{2}\cos(m+n),$$

et
$$\overline{DE} = \tfrac{1}{2}\cos(m-n) - \tfrac{1}{2}\cos(m+n).$$

Puisque $\overline{BC}$ est la somme des segmens $\overline{BE}$, $\overline{CE}$, et $\overline{BF}$ leur différence, le produit $\overline{BC} \cdot \overline{BF}$, ou

$\sin(m+n) \cdot \sin(m-n)$, sera la différence des quarrés de ces segmens; c'est-à-dire, qu'on aura

$$\overline{BC} \cdot \overline{BF} = \overline{BE}^2 - \overline{CE}^2 :$$

mais le triangle rectangle A B E donne

$$\overline{BE}^2 = \overline{AB}^2 - \overline{AE}^2,$$

et le triangle A C E donne

$$\overline{CE}^2 = \overline{AC}^2 - \overline{AE}^2.$$

Otant cette dernière de la précédente, on aura

$$\overline{BE}^2 - \overline{CE}^2 = \overline{AB}^2 - \overline{AC}^2 = \cos^2 n - \cos^2 m ;$$

donc $\qquad \overline{BC} \cdot \overline{BF} = \cos^2 n - \cos^2 m$,

comme l'indique le tableau. De même on trouvera

$$\overline{AD} \cdot \overline{AH} = \cos(m-n) \cdot \cos(m+n)$$
$$= \cos^2 m - \sin^2 n = \cos^2 n - \sin^2 m.$$

L'angle E, qui est droit, ayant pour mesure la moitié de la somme des arcs $\overset{\frown}{AB}$, $\overset{\frown}{CD}$, la somme de ces arcs fait moitié de la circonférence : donc la somme des quarrés des deux cordes $\overline{AB}$, $\overline{DC}$, est égale au quarré du diamètre : donc

$$\overline{AB}^2 + \overline{DC}^2 \text{ ou } \sin^2 n + \cos^2 n = 1 ;$$

et pareillement,

$$\overline{AC}^2 + \overline{BD}^2 = \sin^2 m + \cos^2 m ;$$

et puisque le triangle rectangle A B E donne...
$\overline{AB}^2 = \overline{AE}^2 + \overline{BE}^2$, et le triangle D C E.....
$\overline{DC}^2 = \overline{CE}^2 + \overline{DE}^2$, on aura, en ajoutant ces équations,

$$\overline{AB}^2 + \overline{DC}^2 \text{ ou } 1 = \overline{AE}^2 + \overline{BE}^2 + \overline{CE}^2 + \overline{DE}^2,$$

comme il est porté au tableau.

129. D'un autre côté, le triangle A B E donne

$$\overline{AB} \text{ ou } \cos n : \overline{BE} :: 1 : \sin m ;$$

donc $\qquad \overline{BE} = \sin m \cdot \cos n ;$

et de la même manière, les triangles rectangles ACE, BDE, DCE, donnent

$$\overline{CE} = \sin n \cdot \cos m,$$
$$\overline{AE} = \cos m \cdot \cos n,$$
$$\overline{DE} = \sin m \cdot \sin n,$$

ainsi que l'indique le tableau.

Enfin, ajoutant ensemble la première et la seconde de ces dernières équations, on a

$$\overline{BE} + \overline{CE},$$

ou $\overline{BC} = \sin(m+n) = \sin m \cdot \cos n + \sin n \cdot \cos m.$

En retranchant, au contraire, la seconde de la première, on a

$$\sin(m-n) = \sin m \cdot \cos n - \sin n \cdot \cos m ;$$

en ajoutant la troisième et la quatrième ensemble, on a

$$\cos(m-n) = \cos m \cdot \cos n + \sin m \cdot \sin n ;$$

et en retranchant, au contraire, la quatrième de la troisième, on a

$$\cos(m+n) = \cos m \cdot \cos n - \sin m \cdot \sin n,$$

conformément à ce que porte le tableau.

Toutes les formules portées dans ce tableau se

trouvent donc démontrées, et la figure 9, dont il est la traduction analytique, représente d'une manière simple les rapports cherchés entre les sinus et cosinus des angles proposés, ceux de leur somme et ceux de leur différence. Je ne m'étendrai pas sur les nombreuses conséquences qu'on a tirées de ces rapports élémentaires, mon objet n'ayant été que d'en offrir l'ensemble sous un nouveau point de vue.

130. Dans les raisonnemens précédens, nous avons supposé m, n, et $m + n$, moindres, chacun, que le quart de la circonférence : ainsi, les formules sont explicites pour cette hypothèse. On peut maintenant attribuer à m, n, d'autres valeurs quelconques, et même de négatives ; mais les nouvelles formules qui en résulteront, cesseront d'être immédiatement applicables au système que nous venons de considérer ; elles se rapporteront à d'autres systêmes corrélatifs, qu'on trouvera dans chaque cas particulier, en voyant quel est celui qui satisfait aux formules ainsi modifiées.

131. Supposons, par exemple, que la droite $\overline{BC}$ se meuve parallélement à elle-même, en se rapprochant du point A jusqu'au-delà du centre du cercle. L'angle BAC ou $m + n$ deviendra obtus ; mais ni m, ni n, n'auront passé ni par o, ni par ∞. Ainsi, leurs signes de corrélation ne changeront pas dans les formules trouvées, lorsqu'on voudra en faire l'application au nouveau système.

132. Supposons maintenant que $\overline{BC}$ se meuve

parallélement à elle-même dans le sens opposé, c'est-à-dire, en s'éloignant du point A, et qu'ensuite la droite $\overline{AD}$ se meuve aussi parallélement à elle-même, en s'éloignant du centre, jusqu'à ce que le point E d'intersection de cette droite avec $\overline{BC}$, tombe hors du cercle (*fig.* 10) ; je dis qu'alors l'angle n ou CAD sera devenu inverse. En effet, cet angle a évidemment passé par o au moment où le point E s'est trouvé sur la circonférence, et par conséquent en coïncidence avec C et D ; et de plus, dans le système primitif, on avoit

$$CAE = CAB - BAE;$$

tandis que dans le nouveau, on a, au contraire,

$$CAE = BAE - CAB.$$

Quant à l'angle m, il reste direct, puisqu'il n'a évidemment passé ni par o, ni par ∞. Donc pour savoir dans ce cas ce que deviennent les formules, il n'y a qu'à changer, dans le second membre de chacune, le signe de n, et l'on trouvera la valeur de corrélation du premier membre regardé comme inconnue. Ainsi, l'on pourra juger si ce premier membre reste lui-même direct, ou devient inverse. C'est ce qu'on peut voir aussi directement sur chacune des quantités qui entrent dans ce premier membre. Par exemple, on voit que $\overline{DE}$ est inverse, puisque, dans le nouveau système, on a

$$\overline{DE} = \overline{AE} - \overline{AD};$$

tandis que dans le système primitif, on avoit

$$\overline{DE} = \overline{AD} - \overline{AE}.$$

De même, $\overline{CE}$ est inverse, puisque dans le premier système, on avoit

$$\overline{CE} = \overline{BC} - \overline{BE},$$

et que dans le second, on a

$$\overline{CE} = \overline{BE} - \overline{BC}.$$

$\overline{CD}$ est également devenue inverse (122), puisqu'elle est le sinus de l'arc C A D qu'on vient de voir être devenu inverse. Quant aux quantités $\overline{AB}$, $\overline{AC}$, $\overline{BD}$, $\overline{BC}$, $\overline{AD}$, $\overline{BE}$, $\overline{AE}$, aucune d'elles n'a passé ni par o, ni par ∞ . Elles sont donc restées directes, et nous pouvons par conséquent établir entre les deux systêmes la corrélation suivante :

1er *Syst.* $+\overline{AB}, +\overline{AC}, +\overline{BD}, +\overline{CD}, +\overline{BC}, +\overline{AD}, +\overline{BE}, +\overline{CE}, +\overline{AE}, +\overline{DE}$

2e *Syst.* $+\overline{AB}, +\overline{AC}, +\overline{BD}, -\overline{CD}, +\overline{BC}, +\overline{AD}, +\overline{BE}, -\overline{CE}, +\overline{AE}, -\overline{DE}$

Si donc l'on vouloit rendre les formules trouvées immédiatement applicables au nouveau systême, il suffiroit, après avoir, comme nous l'avons dit ci-dessus, changé dans le second membre de chacune le signe de n, de changer également, dans le premier membre, le signe de celles des quantités énumérées dans ce tableau de corrélation, qui, d'après ce même tableau, seroient devenues inverses.

On peut de la même manière établir la corrélation du systême primitif avec le nouveau systême, quelques transformations qu'il éprouve.

133. La figure primitive elle-même, sur laquelle a été fait le raisonnement, fournit huit systêmes

corrélatifs au premier, celui-ci compris, puisque chacun des quatre angles A, B, C, D, peut être placé le premier en ordre de deux manières différentes, comme il suit :

Corrélation de construction des points.

1er *Systéme.*........ A B C D E
2e *Systéme.*........ A C B D E
3e *Systéme.*........ B D A C E
4e *Systéme.*........ B A D C E
5e *Systéme.*........ C D A B E
6e *Systéme.*........ C A D B E
7e *Systéme.*........ D B C A E
8e *Systéme.*........ D C B A E

Tous ces systêmes sont visiblement en corrélation directe avec le premier, et l'on peut leur appliquer immédiatement les formules trouvées.

134. Pour appliquer, par exemple, au quatrième systême la formule.............................
$\sin(m+n) = \sin m \cdot \cos n + \sin n \cdot \cos m$, qu'on trouve pour le premier, en égalant les doubles valeurs de $\overline{BC}$, il n'y a qu'à établir la corrélation des valeurs qui entrent dans cette formule avec leurs correspondantes dans le quatrième systême, comme il suit :

1er *Syst...* m *ou* $\widehat{BAE}$.......... n *ou* $\widehat{CAE}$.

2e *Syst.*......... $\widehat{ABE}$ *ou* $\varpi - m$,.... $\widehat{DBE}$ *ou* n.

C'est-à-dire, qu'il faut substituer $\varpi - m$ à la place

de m dans la formule, et laisser n : alors cette formule deviendra

$$\sin\left(\varpi - (m - n)\right),$$

ou $\cos(m - n) = \cos m \cdot \cos n + \sin m \cdot \sin n,$

qui s'accorde avec une de celles du tableau formé (127).

135. Il est à remarquer que la droite $\overline{AFG}$ coupe $\overline{BD}$ perpendiculairement au point I ; car dans le triangle I A D, l'angle I A D étant, par hypothèse, égal à D A C ou n, et I D A égal à B C A ou $\varpi - n$, il suit que la somme de ces deux angles fait le quart de la circonférence : donc A I D fait aussi le quart de la circonférence ; c'est-à-dire, que $\overline{AI}$ est perpendiculaire à $\overline{BD}$. Donc, réciproquement, en menant du point A la perpendiculaire $\overline{AI}$ sur $\overline{BD}$, cette perpendiculaire passera par F. Par la même raison, en menant du point D une perpendiculaire $\overline{DK}$ sur $\overline{AB}$, elle passeroit aussi par le point F. Donc, dans le triangle A B D, les trois perpendiculaires $\overline{AI}$, $\overline{BE}$, $\overline{DK}$, menées des trois angles sur les côtés opposés, se croisent toutes au point F. On prouveroit de même que, dans le triangle A B C, les trois perpendiculaires abaissées des angles sur les côtés opposés se croiseroient toutes au point H ; et comme les angles m, n, sont pris à volonté, on peut en conclure que, dans tout triangle, les trois perpendiculaires menées des angles sur les côtés opposés, se croisent toutes en un même point.

136. Puisque l'angle GAD est, par construction, égal à l'angle CAD, l'arc $\overset{\frown}{GD}$ sera égal à l'arc $\overset{\frown}{CD}$. Donc, en général, si d'un point D, pris à volonté sur une circonférence, on mène deux cordes quelconques $\overline{DA}$, $\overline{DB}$, et que des autres extrémités A et B de ces cordes, on leur mène les perpendiculaires $\overline{AG}$, $\overline{BC}$, prolongées jusqu'à la circonférence, les arcs $\overset{\frown}{DG}$, $\overset{\frown}{DC}$, compris entre le premier point D et les nouveaux points d'intersection, seront égaux. D'où il suit, par exemple, que si l'on menoit la corde $\overline{CG}$, elle seroit coupée perpendiculairement par le diamètre mené du point D; et que, réciproquement, la droite menée du point D, perpendiculairement à $\overline{CG}$, passeroit par le centre du cercle.

137. On pourroit, en partant toujours des notions que nous avons données (126), rapporter la théorie des quantités angulaires dont nous venons de parler à un principe plus général, qui consiste dans cette proposition connue, que, *dans tout quadrilatère inscrit au cercle, le produit des deux diagonales est égal à la somme des produits des côtés opposés.*

Car, soit (*fig.* 11) A C B D un semblable quadrilatère. Supposons l'arc $\overset{\frown}{AB}=2\,a$, $\overset{\frown}{AC}=2\,b$, $\overset{\frown}{DC}=2\,c$, et par conséquent $\overset{\frown}{BD}=2\,.\,(2\,\pi-(a+b+c))$, nous aurons donc (126)

$$\overline{AB} = \sin a,$$
$$\overline{AC} = \sin b,$$
$$\overline{DC} = \sin c,$$
$$\overline{BD} = \sin(a + b + c),$$
$$\overline{BC} = \sin(a + b),$$
$$\overline{AD} = \sin(b + c).$$

Substituant ces valeurs dans l'équation........
$\overline{BC}.\overline{AD} = \overline{AB}.\overline{DC} + \overline{AC}.\overline{BD}$, nous aurons

$$\sin(a+b).\sin(b+c) = \sin a.\sin c + \sin b.\sin(a+b+c),$$

formule qui aura lieu quelles que soient les valeurs qu'on attribue aux angles a, b, c.

Supposons, par exemple, $b + c = \varpi$; on aura donc

$$\sin(b + c) = 1, \qquad \sin c = \cos b,$$
$$\sin(a + b + c) = \sin(\varpi + a) = \cos a.$$

Donc la formule deviendra

$$\sin(a + b) = \sin a . \cos b + \sin b . \cos a.$$

Supposons $b = \varpi$; nous aurons

$$\sin b = 1, \quad \sin(a+b) = \cos a, \quad \sin(b+c) = \cos c,$$
$$\sin(a + b + c) = \cos(a + c).$$

Donc la formule deviendra

$$\cos(a + c) = \cos a . \cos c - \sin a . \sin c.$$

Supposons $c = -a$; nous aurons

$$\sin c = -\sin a, \qquad \sin(b+c) = \sin(b - a),$$
$$\sin(a + b + c) = \sin b.$$

Donc la formule deviendra

$$\sin(b + a) . \sin(b - a) = \sin^2 b - \sin^2 a.$$

Soit

Soit $c = \varpi - a$; on aura

$$\sin c = \cos a, \quad \sin(b + c) = \cos(a - b),$$
$$\sin(a + b + c) = \cos b.$$

Donc la formule deviendra

$$\sin(a + b) \cdot \cos(a - b) = \sin a \cdot \cos a + \sin b \cdot \cos b.$$

Ainsi, cette seule proposition renferme toute la théorie des quantités angulaires.

138. Après avoir parlé du rapport de ces quantités, disons quelque chose du rapport des lignes. Il faut pour cela se rappeler que nous avons fait le diamètre du cercle $= 1$; et la valeur linéaire de ce diamètre ne pouvant entrer dans celles des sinus, cosinus, etc. parce que ceux-ci sont toujours des nombres abstraits, il n'y a rien à changer à cet égard dans les rapports que nous avons trouvé exister entre eux. Mais s'il s'agit d'avoir les valeurs effectives des lignes de la figure, il faudra commencer par rendre les équations homogènes, en remettant à la place de l'unité, là où elle représente le diamètre, la valeur effective de ce même diamètre. Supposons donc le rayon $= R$, et par conséquent le diamètre $= 2 R$; alors, pour rendre homogènes les équations trouvées, il faudra y mettre, au lieu des valeurs $\overline{AB}, \overline{AC}, \overline{BD}$, etc. celles-ci, $\dfrac{\overline{AB}}{2R}, \dfrac{\overline{AC}}{2R}, \dfrac{\overline{BD}}{2R}$, qui par-là deviendront des nombres abstraits, ainsi que l'est chacun des seconds membres de ces équations.

G

139. Les formules ainsi transformées, pourront fournir plusieurs conséquences nouvelles. Par exemple, nous avons pour l'une d'elles

$$\overline{AB}^2 + \overline{DC}^2 = 1.$$

Cette équation deviendra

$$\frac{\overline{AB}^2}{4R^2} + \frac{\overline{DC}^2}{4R^2} = 1, \quad \text{ou} \quad \overline{AB}^2 + \overline{DC}^2 = 4R^2,$$

qui nous apprend que *si dans un cercle on mène deux cordes qui se coupent à angle droit au-dedans du cercle, la somme des quarrés de deux quelconques des côtés opposés du quadrilatère auquel ces cordes servent de diagonales, sera égale au quarré du diamètre, et par conséquent la somme des quarrés des quatre côtés de ce quadrilatère sera double du quarré de ce même diamètre.*

De même nous avons pour l'une des formules,

$$\overline{AE}^2 + \overline{BE}^2 + \overline{CE}^2 + \overline{DE}^2 = 1:$$

or, cette équation devient

$$\overline{AE}^2 + \overline{BE}^2 + \overline{CE}^2 + \overline{DE}^2 = 4R^2.$$

ce qui nous apprend que *si dans un cercle on mène deux cordes quelconques qui se croisent à angle droit, la somme des quarrés des quatre segmens sera égale au quarré du diamètre.*

Puisque $\overline{BC} = \overline{BE} + \overline{EC}$, on aura

$$\overline{BC}^2 = \overline{BE}^2 + \overline{EC}^2 + 2\,\overline{BE}.\overline{EC},$$

et pareillement

$$\overline{AD}^2 = \overline{AE}^2 + \overline{ED}^2 + 2\,\overline{AE}.\overline{ED};$$

ajoutant ces deux équations, et observant que, par la proposition précédente, on a................

$$\overline{AE}^2 + \overline{ED}^2 + \overline{BE}^2 + \overline{CE}^2 = 4R^2,$$ et que par la propriété du cercle, on a $\overline{BE} \cdot \overline{EC} = \overline{AE} \cdot \overline{ED}$, il viendra

$$\overline{BC}^2 + \overline{AD}^2 = 4R^2 + 4\overline{AE} \cdot \overline{ED};$$

et comme par la propriété du cercle dont nous venons de parler, le produit $\overline{AE} \cdot \overline{ED}$ est le même pour toutes les cordes possibles coupées en deux segmens par le point E, il suit que, dans un cercle quelconque, si par un point E donné sur sa surface, on mène à volonté deux cordes qui se coupent à angle droit, la somme des quarrés de ces deux cordes sera toujours la même.

Nommons r la distance du point E au centre du cercle, ou le rayon de la circonférence concentrique qui passeroit par le point E; les segmens formés par E sur le diamètre, passant par ce point, seront $R + r$, $R - r$; et leur produit sera par conséquent $R^2 - r^2$. Donc on aura

$$\overline{AD} \cdot \overline{ED} = R^2 - r^2;$$

donc l'équation précédente deviendra

$$\overline{BC}^2 + \overline{AD}^2 = 8R^2 - 4r^2;$$

c'est-à-dire, que *si d'un point quelconque pris sur la surface d'un cercle, on mène deux cordes quelconques orthogonales, la somme des quarrés de ces deux cordes sera toujours égale au double du quarré du diamètre, moins quatre fois le quarré de la distance du point d'intersection des deux cordes au centre du cercle.*

Enfin, comme d'après les formules trouvées (127), il est aisé de voir qu'on a aussi $\overline{BC}^2 + \overline{AH}^2 = 1$, cette formule deviendra

$$\overline{BC}^2 + \overline{AH}^2 = 4R^2.$$

140. Si l'on adoptoit la forme des énoncés techniques que nous avons proposés (87), les quatre propositions précédentes pourroient s'exprimer ainsi en une seule :

Cir ABCD, *centre* L; A, B, C, D, *rangés à volonté*, $\overline{AD} \perp \overline{BC}$, $\overline{AD} \cdot \overline{BC} \neq E$, *donnent*

1°. $\overline{AB}^2 + \overline{CD}^2 = 4\overline{AL}^2$;

2°. $\overline{BC}^2 + \overline{AH}^2 = 4\overline{AL}^2$;

3°. $\overline{AD}^2 + \overline{BC}^2 = 8\overline{AL}^2 - 4\overline{EL}^2$;

4°. $\overline{AE}^2 + \overline{BE}^2 + \overline{CE}^2 + \overline{DE}^2 = 4\overline{AL}^2$.

Je dis dans cet énoncé, que A, B, C, D, sont rangés à volonté. Et en effet, les équations que contient cette proposition ne renfermant que des valeurs élevées au quarré, elle est immédiatement applicable (57) à tous les systêmes corrélatifs possibles; elle a donc lieu, par exemple, pour la figure 10 comme pour la figure 9, quoique par la corrélation de position des points, on voie que ces deux systêmes ne sont qu'indirectement corrélatifs.

141. On peut étendre à la sphère les propriétés que nous venons de trouver pour le cercle.

Si d'un point donné, pris, soit au-dedans, soit au-dehors d'une sphère, on imagine trois axes perpendiculaires entre eux, 1°. la somme des quarrés des trois cordes ou parties de ces axes interceptées par la surface sphérique, sera la même, quelle que soit la direction de ces axes ; 2°. la somme des quarrés de leurs six segmens sera également constante ; 3°. la somme des quarrés des quinze droites qui joindront deux à deux les six points de rencontre de ces axes avec la surface sphérique sera aussi constante.

Et puisque les surfaces des cercles sont comme les quarrés des diamètres, on pourra conclure encore que, *si, d'un point donné, on imagine trois plans perpendiculaires entre eux, qui coupent le solide d'une sphère, la somme des surfaces des trois cercles formant les intersections sera toujours la même, quelque direction qu'on donne à ces plans, pourvu qu'ils ne cessent pas de couper tous les trois la sphère.* Cette quantité constante est les trois quarts de la surface de la sphère donnée, moins la surface sphérique entière, qui auroit pour diamètre la distance du centre de la sphère donnée au point d'intersection des trois axes.

PROBLÉME III.

142. *Trouver les rapports existans entre les côtés d'un triangle quelconque, les perpendiculaires menées des angles sur les côtés opposés, les segmens formés sur ces côtés et ces perpendicu-*

laires, et enfin les angles résultans de cette construction.

Solution. Il est aisé de voir que la solution du problême précédent fournit la solution de celui-ci ; car si l'on inscrit le triangle A B C proposé dans un cercle (*fig.* 12), et qu'ayant prolongé la perpendiculaire $\overline{\text{A H}}$ jusqu'à la circonférence en A′, on mène $\overline{\text{B A}'}$, $\overline{\text{C A}'}$, il est évident que le quadrilatère ABCA′ est une figure pareille à celle qui a été calculée dans le problême précédent. Nous pouvons donc en déduire les formules cherchées ; mais avant d'y procéder, je placerai quelques observations sur l'espèce de symétrie qu'offre cette figure.

143. D'abord j'ai démontré dans le problême précédent, que les perpendiculaires menées des trois angles A, B, C, sur les côtés opposés, doivent se croiser toutes en un même point D ; mais chacun des angles A, B, C, est, à cet égard, dans le même cas que le point D ; c'est-à-dire, que, de même que le point D est celui où se croisent les perpendiculaires menées des angles du triangle A B C sur les côtés opposés, le point A, par exemple, comme on le verra facilement, est celui où se croisent les perpendiculaires menées des trois angles du triangle B C D sur les côtés opposés ; et de même des autres. Ainsi, les quatre points A, B, C, D, forment, trois à trois, un triangle tel, que les trois perpendiculaires menées des angles de ce triangle sur les côtés opposés, se croisent toutes au quatrième de ces

points. La figure est donc un système de quatre points réunis deux à deux par des droites qui se trouvent telles, que chacune de celles qui passent par deux de ces points, coupe perpendiculairement celle qui passe par les deux autres.

144. Cette figure a de plus la propriété qu'en faisant passer par trois quelconques des quatre points A, B, C, D, par exemple, par A, B, C, une circonférence, si l'on prolonge les perpendiculaires abaissées des angles du triangle A B C, jusqu'à la circonférence en A′, B′, C′, il en résultera trois quadrilatères inscrits à diagonales orthogonales, tels que celui que nous avons examiné dans le problème précédent, savoir, A B A′ C, B C B′ A, C A C′ B, dans lesquels on a les triangles parfaitement égaux et semblables deux à deux, B D C et B A′ C, A D B et A C′ B, A D C et A B′ C.

145. Il suit de-là que l'angle A B B′ est égal à l'angle A B C′, ou que l'arc $\overset{\frown}{AB'} = \overset{\frown}{AC'}$; et pareillement, on a

$$\overset{\frown}{BA'} = \overset{\frown}{BC'}, \quad \overset{\frown}{CA'} = \overset{\frown}{CB'}.$$

Ainsi, par exemple, si l'on traçoit la corde $\overline{A'C'}$, elle seroit coupée perpendiculairement par le diamètre mené du point B.

146. Ce que je viens de dire de la circonférence passant par les trois points A, B, C, auroit également lieu pour toute autre passant par trois quelconques des quatre points A, B, C, D ; et il est à

remarquer que tous ces cercles ont le même diamètre ; c'est-à-dire, par exemple, que la circonférence
circonscrite au triangle B D C seroit égale à la circonférence A B A′C, ce qui est évident, puisque le
triangle B D C est parfaitement égal et semblable au
triangle B A′C, qui est lui-même inscrit dans cette
circonférence A B A′C.

147. Le nombre des droites à considérer dans la
figure proposée est de dix-huit , savoir ; les six
droites ou côtés qui joignent deux à deux les quatre
points A , B , C , D, et les douze segmens formés
deux à deux sur chacun de ces côtés. Par exemple,
sur le côté $\overline{AD}$, sont formés les deux segmens $\overline{AH}$,
$\overline{DH}$, etc. Ces segmens, comme on le voit, ne
sont autre chose que les perpendiculaires abaissées
des angles sur les côtés opposés. Par exemple, les
segmens $\overline{AH}$, $\overline{DH}$, sont les perpendiculaires menées des angles A, D, sur le côté B C, coupé perpendiculairement par le côté $\overline{AD}$: les segmens $\overline{AF}$,
$\overline{BF}$, sont les perpendiculaires menées des angles
A et B sur le côté $\overline{CD}$, qui coupe perpendiculairement $\overline{AB}$: ainsi j'appellerai indistinctement ces
droites *perpendiculaires* ou *segmens*.

Le nombre des angles à considérer est de quinze,
formés par les six côtés, deux à deux, lesquels se
réduisent à douze à cause des trois qui sont droits
par construction.

148. Dans le cercle A B C, on voit que les cor-

des $\overline{AB}$, $\overline{CC'}$, se coupent au point F en parties réciproquement proportionnelles ; c'est-à-dire, qu'on a

$$\overline{AF}.\overline{BF}=\overline{CF}.\overline{C'F},$$

ou à cause de $C'F = FD$,

$$\overline{AF}.\overline{BF}=\overline{CF}.\overline{DF};$$

c'est-à-dire, que *le produit des segmens de l'un quelconque des côtés est égal au produit des segmens de celui des autres côtés avec lequel il forme l'angle droit.*

149. Puisque les angles BFC, BGC, sont droits l'un et l'autre, il est clair que si sur BC, comme diamètre, on décrit une circonférence, elle passera par les sommets F et G, et que par conséquent les droites $\overline{BG}$, $\overline{FC}$, se couperont au point D, en parties réciproquement proportionnelles : donc on aura

$$\overline{BD}.\overline{GD}=\overline{CD}.\overline{FD},$$

et par la même raison, on aura

$$\overline{BD}.\overline{GD}=\overline{AD}.\overline{HD};$$

c'est-à-dire, que *les trois produits formés en multipliant chacun des côtés qui partent de l'un quelconque des angles, par la perpendiculaire menée du même angle sur le côté coupé perpendiculairement par le premier, sont égaux entre eux.*

150. Puisque $\overline{DH}=\overline{A'H}$, il est clair (138) qu'en nommant R le rayon du cercle, nous devons avoir

$$\overline{AH}^2 + \overline{BH}^2 + \overline{CH}^2 + \overline{DH}^2 = 4R^2;$$

c'est-à-dire , que la *somme des quarrés des quatre segmens que forment l'un sur l'autre deux quelconques des côtés qui sont perpendiculaires l'un à l'autre , est égale au quarré du diamètre du cercle circonscrit.*

Pareillement (139) nous devons avoir

$$\overline{AD}^2 + \overline{BC}^2 = 4\,R^2,$$

et par la même raison ,

$$\overline{AC}^2 + \overline{BD}^2 = 4\,R^2;$$

c'est-à-dire, que *la somme des quarrés de deux côtés quelconques perpendiculaires l'un à l'autre , est égale au quarré du diamètre du cercle circonscrit.*

151. Toutes ces propositions peuvent être réunies en une seule, sous forme technique, comme il suit :

A, B, C, D, *à volonté sur un même plan , cir* ABC, *rayon* R,

$$\overline{AB} \,\rceil\, \overline{CD}, \quad \overline{AC} \,\rceil\, \overline{BD}, \quad \overline{BC} \,\rceil\, \overline{AD},$$

$$\overline{AB} \cdot \overline{CD} \neq F, \quad \overline{AC} \cdot \overline{BD} \neq G, \quad \overline{BC} \cdot \overline{AD} \neq H,$$

donnent

1°. $\qquad \overline{AF} \cdot \overline{BF} = \overline{CF} \cdot \overline{DF},$

2°. $\qquad \overline{AD} \cdot \overline{HD} = \overline{BD} \cdot \overline{GD},$

3°. $\quad \overline{AF}^2 + \overline{BF}^2 + \overline{CF}^2 + \overline{DF}^2 = 4\,R^2,$

4°. $\qquad \overline{AD}^2 + \overline{BC}^2 = 4\,R^2.$

152. Toutes ces formules étant à deux termes seulement, ou ne renfermant que des valeurs éle-

vées au quarré, sont immédiatement applicables à tous les systêmes corrélatifs, comme le porte dans l'énoncé technique cette expression A, B, C, D, *à volonté, dans un même plan ;* c'est-à-dire, rangés dans un ordre quelconque, pourvu qu'ils soient placés dans un même plan.

153. Ainsi, par exemple, sans sortir de la figure proposée , on peut substituer dans ces formules deux quelconques des quatre points A, B, C, D, l'un à l'autre. Par exemple, dans la première, mettons D à la place de A, et A la place de D; $\overline{AB} \cdot \overline{CD}$ deviendra donc $\overline{DB} \cdot \overline{CA}$; c'est-à-dire, que F deviendra G : substituant donc dans la première formule, A pour D, D pour A, G pour F, on aura

$$\overline{DG} \cdot \overline{BG} = \overline{CG} \cdot \overline{AG},$$

ainsi des autres.

154. Mais la figure proposée a aussi d'autres propriétés qui doivent éprouver des modifications, suivant la corrélation de position des points A, B, C, D, entre eux. Par exemple, j'ai remarqué, dans un autre écrit, une propriété assez curieuse de la figure que nous considérons ici ; c'est que la somme des trois droites $\overline{DA}, \overline{DB}, \overline{DC}$, menées du point D à chacun des trois autres A , B , C, est égale à la somme faite du diamètre du cercle AB A′C, circonscrit au triangle A B C, et du diamètre du cercle , qui seroit inscrit à ce même triangle.

Or, cette propriété est également applicable à chacun des autres points A, B, C, mais avec une modification qui se tire de la corrélation de position des points, et qui consiste en ce que, quand l'un des angles devient obtus, la perpendiculaire abaissée de cet angle, sur le côté opposé, devient inverse, et par conséquent sa valeur de corrélation négative. Ainsi, par exemple, pour le triangle BDC, où l'angle D est obtus, la somme faite du diamètre du cercle inscrit, et du diamètre du cercle circonscrit, est égale, non pas à la somme des droites $\overline{AB}$, $\overline{AC}$, $\overline{AD}$, mais à cette même somme modifiée par le changement du signe de corrélation de $\overline{AD}$; c'est-à-dire, $\overline{AB} + \overline{AC} - \overline{AD}$.

155. Les perpendiculaires $\overline{AH}$, $\overline{BG}$, $\overline{CF}$, décomposent le triangle ABC en trois quadrilatères AFDG, BFDH, CGDH, dont chacun a deux angles droits opposés en diagonale, et par conséquent est inscriptible dans un cercle. On peut donc appliquer à chacun d'eux les propriétés connues des quadrilatères inscrits.

156. Soit dans l'un d'eux AFDG, par exemple, menée la diagonale $\overline{FG}$, qui joint les deux angles droits, et proposons-nous d'en trouver le rapport avec l'autre diagonale $\overline{AD}$ du même quadrilatère. Pour cela concevons sur $\overline{AD}$, comme diamètre, une circonférence décrite; cette circonférence passera par les points F et G; $\overline{FG}$ sera donc une corde de

ce cercle, et par conséquent (126) sin. $FAG = \dfrac{\overline{FG}}{\overline{AD}}$;

donc on aura

$$\overline{FG} = \overline{AD} \cdot \sin FAG ,$$

ce qui donnera le rapport cherché par cette proportion $\overline{FG} : \overline{AD} :: \sin FAG : 1$.

157. Puisqu'en nommant R le rayon du cercle $ABA'C$ nous avons aussi

$$\sin FAG \text{ ou } \sin BAC = \dfrac{\overline{BC}}{2R} ,$$

on aura, en substituant cette valeur dans l'équation précédente,

$$FG = \dfrac{\overline{AD} \cdot \overline{BC}}{2R} \text{ ou } \overline{FG} : \overline{AD} :: \overline{BC} : 2R.$$

198. Pour faire une application de ce que nous venons de dire particulièrement sur les quadrilatères à deux angles droits opposés, tels que celui dont nous venons de parler, *soient (fig. 13) trois circonférences tracées dans un même plan ; on demande qu'il soit tracé une quatrième circonférence, qui soit tangente aux trois autres.*

Soient A, B, C, les centres des trois circonférences données ; X, celui de la circonférence cherchée. Formons le triangle ABC, et du centre X, menons à chacun des autres une droite. Du même point X, menons sur $\overline{AB}$ et $\overline{BC}$ les perpendiculaires $\overline{XE}$, $\overline{XF}$, et joignons E, F, par la diagonale $\overline{EF}$.

Les angles BEX, BFX, étant droits l'un et l'autre, si l'on conçoit sur $\overline{BX}$, comme diamètre, une circonférence tracée, elle passera par les points E, F, et par conséquent (156) on aura

$$\overline{EF} = \overline{BX} \cdot \sin ABC;$$

ou élevant au quarré,

$$\overline{EF}^2 = \overline{BX}^2 \cdot \sin^2 ABC.$$

D'un autre côté, dans le triangle EBF, on a

$$\overline{EF}^2 = \overline{EB}^2 + \overline{BF}^2 - 2\overline{EB} \cdot \overline{BF} \cdot \cos ABC :$$

égalant donc ces deux valeurs de $\overline{EF}^2$, on aura

$$\overline{BX}^2 \cdot \sin^2 ABC = \overline{EB}^2 + \overline{BF}^2 - 2\overline{EB} \cdot \overline{BF} \cdot \cos ABC.$$

Cela posé, soient x le rayon de la circonférence cherchée, A, B, C, les rayons des circonférences qui ont leurs centres respectifs aux points de mêmes dénominations; a, b, c, les côtés du triangle ABC, respectivement opposés aux angles A, B, C; et enfin m, n, le sinus et le cosinus de l'angle connu ABC. L'équation trouvée ci-dessus deviendra donc,

$$(B + x)^2 m^2 = \overline{EB}^2 + \overline{BF}^2 - 2\overline{EB} \cdot \overline{BF} \cdot n.$$

Il reste donc à trouver $\overline{EB}$ et $\overline{BF}$ en valeur de x, pour avoir une équation qui ne renferme que cette inconnue, avec des quantités données.

Or, dans le triangle XBA, on a

$$\overline{EB}^2 - \overline{AE}^2 = \overline{BX}^2 - \overline{AX}^2,$$

ou mettant pour $\overline{AE}$ sa valeur $\overline{AB} - \overline{EB}$ ou $c - \overline{EB}$, pour $\overline{BX}$ sa valeur $B + x$, pour $\overline{AX}$ sa valeur $A + x$, on aura

$$2\,\overline{EB}\cdot c - c^2 = B^2 - A^2 + (2B - 2A)\,x,$$

ou $\quad \overline{EB} = \dfrac{B^2 - A^2 + c^2 + (2B - 2A)\,x}{2\,c}.$

On trouve de la même manière,

$$\overline{BF} = \dfrac{B^2 - C^2 + a^2 + (2B - 2C)\,x}{2\,a}.$$

Substituant donc ces valeurs de $\overline{EB}$ et $\overline{BF}$ dans l'équation trouvée ci-dessus, nous aurons

$$(B + x)^2 \cdot m^2 = \left(\dfrac{B^2 - A^2 + c^2 + (2B - 2A)\cdot x}{2\,c}\right)^2$$
$$+ \left(\dfrac{B^2 - C^2 + a^2 + (2B - 2C)\cdot x}{2\,a}\right)^2$$
$$- n\,\dfrac{(B^2 - A^2 + c^2 + (2B - 2A)\cdot x)\cdot(B^2 - C^2 + a^2 + (2B - 2C)\cdot x)}{2\,a\,c},$$

équation qui ne monte qu'au second degré.

159. J'observerai, en passant, une propriété particulière des circonférences, qui, comme celles dont on vient de parler, sont dans un même plan et se touchent (*fig.* 14). C'est qu'en général, *si une circonférence* (A B C) *en touche à la fois deux autres* (A D G, B F H,) *la droite* (A B) *menée par les deux points* (A B) *de contingence, ira couper ces dernières circonférences en deux points* (D, F), *tels que si de chacun de ces points on mène un diamètre* ($\overline{DG}$, $\overline{FH}$) *à la circonférence sur laquelle il est placé, ce diamètre sera*

parallèle à la ligne des centres ($\overline{\text{KB}}$, $\overline{\text{KA}}$) *des deux autres circonférences.*

Si le rayon de l'une de ces circonférences devient infini, cette circonférence pourra être prise pour une ligne droite (*fig.* 15), et par conséquent *si une circonférence* (ABC) *touche à la fois une autre circonférence* (FCG) *et une droite* ($\overline{\text{AE}}$) *données, la droite* ($\overline{\text{ACG}}$) *menée par les deux points de contingence passera nécessairement par l'une des extrémités du diamètre* (FG) *de cette seconde circonférence, perpendiculaire à la droite donnée.*

Les mêmes propriétés ont lieu lorsqu'une sphère en touche à la fois deux autres, parce qu'alors les trois centres et les deux points de contingence sont nécessairement dans un même plan. Ces propriétés sont utiles pour tracer des cercles et des sphères tangentes, sous certaines conditions données. Je reviens à l'objet du problême que nous nous sommes proposé.

160. Pour trouver les rapports qui existent entre les douze angles et les dix-huit droites de la figure proposée (147), je rapporte toutes ces quantités à trois d'entre elles, lesquelles suffisent évidemment pour terminer toute la figure, pourvu que ce ne soient pas trois angles ; mais pour plus d'uniformité dans l'expression de ces rapports, j'introduis dans le calcul une nouvelle droite, qui servira de terme de comparaison à toutes les autres. Je choisis pour ce terme de comparaison le

rayon

rayon du cercle circonscrit au triangle ABC, et je nomme ce rayon R. Je prends, avec ce rayon, les deux angles BAD, CAD, et ces trois quantités sont celles auxquelles je rapporte toutes les autres dans le tableau suivant, dont la formation ne peut souffrir de difficultés, d'après les résultats du problême précédent. On verra qu'outre les dix-huit droites dont j'ai parlé, j'ai compris dans ce tableau les trois droites $\overline{FH}$, $\overline{GH}$, $\overline{FG}$.

161. Je donnerai à ce tableau la forme d'un énoncé technique, comme il suit. D'après les notions données (73 *et suiv.*).

Soient $A\widehat{B}C$, D *pris sur l'aire du triangle;* $\overline{AB}\ \overline{CD}$, $\overline{AC}\ \overline{BD}$, $\overline{BC}\ \overline{AD}$, R *le rayon du cercle circonscrit;* ϖ *l'angle droit, on aura*

Valeurs des angles.

$$B\widehat{A}D = B\widehat{A}D$$
$$C\widehat{A}D = C\widehat{A}D$$
$$B\widehat{A}C = B\widehat{A}D + C\widehat{A}D$$
$$C\widehat{B}D = C\widehat{A}D$$
$$A\widehat{B}D = \varpi - (B\widehat{A}D + C\widehat{A}D)$$
$$A\widehat{B}C = \varpi - B\widehat{A}D$$
$$B\widehat{C}D = B\widehat{A}D$$
$$A\widehat{C}D = \varpi - (B\widehat{A}D + C\widehat{A}D)$$
$$A\widehat{C}B = \varpi - C\widehat{A}D$$

H

$$A\hat{D}B = \varpi + C\hat{A}D$$

$$A\hat{D}C = \varpi + B\hat{A}D$$

$$B\hat{D}C = 2\varpi - (B\hat{A}D + C\hat{A}D)$$

Valeurs des lignes.

$$\overline{AB} = 2R.\cos CAD$$

$$\overline{AC} = 2R.\cos BAD$$

$$\overline{BC} = 2R.\sin(BAD + CAD)$$

$$\overline{AD} = 2R.\cos(BAD + CAD)$$

$$\overline{BD} = 2R.\sin BAD$$

$$\overline{CD} = 2R.\sin CAD$$

$$\overline{AAB}\ \overline{CD} = 2R.\cos BAD.\cos(BAD + CAD)$$

$$\overline{BAB}\ \overline{CD} = 2R.\sin BAD.\sin(BAD + CAD)$$

$$\overline{AAC}\ \overline{BD} = 2R.\cos CAD.\cos(BAD + CAD)$$

$$\overline{CAC}\ \overline{BD} = 2R.\sin CAD.\sin(BAD + CAD)$$

$$\overline{BAD}\ \overline{BC} = 2R.\sin BAD.\cos CAD$$

$$\overline{CAD}\ \overline{BC} = 2R.\sin CAD.\cos BAD$$

$$\overline{AAD}\ \overline{BC} = 2R.\cos BAD.\cos CAD$$

$$\overline{DAD}\ \overline{BC} = 2R.\sin BAD.\sin CAD$$

$$\overline{BAC}\ \overline{BD} = 2R.\cos CAD.\sin(BAD + CAD)$$

$$\overline{DAC}\ \overline{BD} = 2R.\sin CAD.\cos(BAD + CAD)$$

$$\overline{CAB}\,\overline{CD}=2R.\cos BAD.\sin(BAD+CAD)$$

$$\overline{DAB}\,\overline{CD}=2R.\sin BAD.\cos(BAD+CAD)$$

$$\overline{AB}\,\overline{CD}\,\overline{AD}\,\overline{BC}=2R.\sin BAD.\cos BAD$$

$$\overline{AC}\,\overline{BD}\,\overline{AD}\,\overline{BC}=2R.\sin CAD.\cos CAD$$

$$\overline{AB}\,\overline{CD}\,\overline{AC}\,\overline{BD}=2R.\sin(BAD+CAD).\cos(BAD+CAD)$$

162. Les seconds termes de ces formules peuvent se transformer de diverses manières, au moyen de celles qui composent le tableau formé dans le problême II.

163. A l'aide de ces formules, trois quelconques des quantités qui entrent dans le systême étant données, pourvu que ce ne soient pas trois angles, on trouvera tout le reste. Pour cela, on prendra dans la série des formules, les trois qui auront pour premiers membres chacune, l'une des trois quantités données : de ces trois équations, l'on tirera les valeurs de R, BAD, CAD, considérées comme inconnues, et l'on substituera ces valeurs dans les seconds membres de toutes les autres formules.

164. Pour appliquer ces mêmes formules à un autre triangle quelconque, il faudra d'abord, dans ce nouveau triangle, abaisser de chaque angle une perpendiculaire sur le côté opposé, et déterminer ainsi le point où se croisent ces trois perpendiculaires. Alors on prendra pour correspondant au point

D du système précédent, celui des quatre points (savoir les trois sommets donnés et le quatrième, où se croisent les trois perpendiculaires) qui se trouvera au-dedans de l'aire du triangle formé par les droites qui joignent les trois autres ; et ces trois autres points seront pris dans quel ordre on voudra , pour correspondans aux points donnés A, B, C. La corrélation des points se trouvera ainsi établie, et cette corrélation sera évidemment directe. Rien ne sera donc plus aisé que d'établir la corrélation des valeurs. Quant à celle des signes, elle est toute établie, puisque la corrélation étant directe , tous ces signes seront $+$. Cela fait, l'application des formules ne présente plus aucunes difficultés.

165. J'observerai en finissant, que par diverses combinaisons des formules portées au tableau, on peut en tirer un grand nombre de conséquences particulières. Par exemple , en multipliant la valeur de $\overline{BC}$ prise dans les formules, par celle de $\overline{CD}$, et divisant par celle de $\overline{CG}$ ou $\overline{CAC}\,\dot{\overline{BD}}$, on a

$$2R ; \text{ donc } 2R = \frac{\overline{BC}\,.\,\overline{CD}}{\overline{CG}}$$

ou $$\overline{CG} : \overline{BC} :: \overline{CD} : 2\,\overline{R}.$$

De même , en multipliant d'une part la valeur de $\overline{BD}$ par celle de $\overline{CG}$, et de l'autre celle de $\overline{CD}$ par celle de $\overline{BF}$, on trouve deux produits égaux. Donc

$$\overline{CD}.\overline{BF}=\overline{BD}.\overline{CG},$$

ainsi des autres.

PROBLÉME IV.

166. *Trouver les rapports qui existent entre les côtés d'un quadrilatère quelconque, ses diagonales, les segmens et les angles qui en résultent.*

Solution. Soit ABDC (*fig.* 16) le quadrilatère proposé : prolongeons les côtés $\overline{AB}, \overline{DC}$, jusqu'à ce qu'ils se coupent au point F, et pareillement les côtés opposés $\overline{AC}, \overline{BD}$, jusqu'à leur rencontre au point G. Menons enfin les deux diagonales $\overline{AD}, \overline{BC}$, nous trouverons dans cette figure trente-trois choses à considérer ; savoir, dix-huit droites et quinze angles. Ces dix-huit droites sont, 1°. les quatre côtés du quadrilatère et ses deux diagonales, lesquels ensemble, au nombre de six, ont cette propriété commune, que chacun est la droite qui joint deux des quatre angles du quadrilatère; 2°. les douze segmens formés deux à deux sur chacun des côtés ou des diagonales dont nous venons de parler. Quant aux quinze angles, ce sont ceux qui sont formés par ces mêmes côtés ou diagonales, pris deux à deux : sur quoi il est à observer que je compte pour un seulement chacun de ces angles et son supplément. Or, de ces trente-trois choses à considérer, il est clair qu'il suffit d'en connoître cinq quelconques, pourvu que ce ne soient pas cinq angles, et qu'elles ne soient pas implicitement renfermées les unes dans les autres, pour que tout le reste de la figure soit déterminé.

167. Pour découvrir les propriétés de cette figure, je commence par considérer seulement les quatre côtés du quadrilatère proposé avec leurs huit seg-mens, en supprimant les deux diagonales : elle se réduira donc à $ABCDFG$ (*fig.* 17), dans laquelle on voit qu'il se trouve quatre triangles ABG, ACF, FBD, GCD. Chacun de ces triangles est formé par trois côtés du quadrilatère, et n'en a par conséquent aucun qui soit pris sur le quatrième. Par exemple, le second, ACF, n'a aucun de ses côtés pris sur $\overline{BG}$, tandis que les trois autres triangles ont chacun un des leurs pris sur cette même droite $\overline{BG}$. Je forme, pour chacun de ces derniers, la proportion qui existe entre ses deux autres côtés non pris sur $\overline{BG}$ et les sinus des angles opposés, en les disposant comme il suit :

$$\overline{AB} : \overline{AG} :: \sin. AGB : \sin. ABG$$
$$\overline{FD} : \overline{FB} :: \sin. FBG : \sin. FDB$$
$$\overline{CG} : \overline{CD} :: \sin. CDG : \sin. CGD.$$

Multipliant ensemble ces trois proportions, et réduisant en observant que les angles qui sont égaux ou supplémens l'un de l'autre ont le même sinus, on aura

$$\overline{AB} . \overline{FD} . \overline{CG} = \overline{AG} . \overline{FB} . \overline{CD}.$$

168. Mais à cause des changemens d'ordre qu'on peut faire éprouver aux quatre points donnés

A, B, C, D, il est clair que lafigure contient douze systêmes corrélatifs, le premier compris, desquels chacun doit donner une équation semblable à la précédente. Voici le tableau de corrélation de construction de ces douze systêmes, avec les équations correspondantes, en prenant celle que nous venons de trouver pour la première.

Tableau général de la corrélation de construction des douze systémes.

$$1^{er}\,Syst.\ ABCDFG\ldots\overline{AB}.\overline{FD}.\overline{CG}=\overline{AG}.\overline{FB}.\overline{CD}$$
$$2^{e}\,Syst.\ BDACGF\ldots\overline{BD}.\overline{GC}.\overline{AF}=\overline{BF}.\overline{GD}.\overline{AC}$$
$$3^{e}\,Syst.\ DCBAFG\ldots\overline{DC}.\overline{FA}.\overline{BG}=\overline{DG}.\overline{FC}.\overline{BA}$$
$$4^{e}\,Syst.\ CADBGF\ldots\overline{CA}.\overline{GB}.\overline{DF}=\overline{CF}.\overline{GA}.\overline{DB}$$

$$5^{e}\,Syst.\ AFGDBC\ldots\overline{AF}.\overline{BD}.\overline{GC}=\overline{AC}.\overline{BF}.\overline{GD}$$
$$6^{e}\,Syst.\ FDAGCB\ldots\overline{FD}.\overline{CG}.\overline{AB}=\overline{FB}.\overline{CD}.\overline{AG}$$
$$7^{e}\,Syst.\ DGFABC\ldots\overline{DG}.\overline{BA}.\overline{FC}=\overline{DC}.\overline{BG}.\overline{FA}$$
$$8^{e}\,Syst.\ GADFCB\ldots\overline{GA}.\overline{CF}.\overline{DB}=\overline{GB}.\overline{CA}.\overline{DF}$$

$$9^{e}\,Syst.\ BFGCAD\ldots\overline{BF}.\overline{AC}.\overline{GD}=\overline{BD}.\overline{AF}.\overline{GC}$$
$$10^{e}\,Syst.\ CGFBAD\ldots\overline{CG}.\overline{AB}.\overline{FD}=\overline{CD}.\overline{AG}.\overline{FB}$$
$$11^{e}\,Syst.\ FCBGDA\ldots\overline{FC}.\overline{DG}.\overline{BA}=\overline{FA}.\overline{DC}.\overline{BG}$$
$$12^{e}\,Syst.\ GBCFDA\ldots\overline{GB}.\overline{DF}.\overline{CA}=\overline{GA}.\overline{DB}.\overline{CF}$$

169. La formation de toutes ces équations est sans aucune difficulté, dès qu'on en a une, et que la corrélation de construction est établie, puisqu'il n'y a qu'à suivre la correspondance des points. Ces

douze équations se réduisent à quatre; les quatre premières, les quatre du milieu ou les quatre dernières ; car chacune d'elles se trouve répétée trois fois : par exemple, la première, la sixième et la dixième sont les mêmes; de même que la seconde, la cinquième et la neuvième. Or, les quatre premiers systêmes ne sont autre chose que le quadrilatère proposé ABCD ; c'est-à-dire, dont les quatre angles A, B, C, D, sont tous saillans : les quatre systêmes du milieu ne sont que le quadrilatère AFDG, qui a les trois angles saillans A, F, G, et l'angle rentrant D : et enfin les quatre derniers systêmes sont la figure BFCG, dont les quatre angles sont saillans, et qui forme deux triangles opposés par le sommet, mais à laquelle on peut également donner le nom de quadrilatère, puisqu'il a aussi quatre côtés, et donne, comme on le voit, les mêmes résultats que le quadrilatère proposé.

170. Ces trois quadrilatères ont chacun leurs quatre côtés pris sur les quatre mêmes droites, et forment entre eux trois figures indirectement corrélatives ; mais comme les équations que nous tirons de l'une ne sont qu'à deux termes, elles sont immédiatement applicables aux deux autres.

171. On peut remarquer, en passant, que des six points A, B, C, D, F, G, qui forment les angles des trois quadrilatères en question, il y en a toujours trois en ligne droite, et que ces trois points forment deux à deux, par leurs distances, trois côtés.

qui appartiennent respectivement aux trois quadrilatères. Par exemple, F, D, C, sont en ligne droite, et de plus $\overline{DC}$ est un des côtés du quadrilatère ABDC ; $\overline{FD}$, l'un des côtés du quadrilatère AFDG ; et $\overline{FC}$, l'un des côtés du quadrilatère BFCG.

172. Nous venons de voir que les douze équations trouvées se réduisent à quatre. Par exemple, aux quatre premières, ces quatre équations se réduisent elles-mêmes à trois ; car multipliant ensemble la première et la troisième, on obtient le même produit qu'en multipliant ensemble la seconde et la quatrième.

En multipliant en croix les deux premières, on a

$$\overline{AB}.\overline{FD}.\overline{GD}.\overline{AC}=\overline{BD}.\overline{AF}.\overline{AG}.\overline{CD}.$$

En multipliant directement la première par la troisième, on a

$$\overline{FD}.\overline{CG}.\overline{FA}.\overline{BG}=\overline{AG}.\overline{FB}.\overline{DG}.\overline{FC}.$$

Enfin, en multipliant en croix la première et la quatrième, on a

$$\overline{AB}.\overline{CG}.\overline{CF}.\overline{DB}=\overline{FB}.\overline{CD}.\overline{CA}.\overline{GB};$$

équations qu'on retrouve de plusieurs autres manières, en combinant diversement les formules données ci-dessus.

173. Nous avons vu (169) que quatre droites tracées à volonté dans un même plan, et indéfiniment prolongées, forment trois quadrilatères : or, chacun de ces quadrilatères a deux diagonales, ce

qui fait en tout six diagonales : mais ces six diagonales se réduisent à trois, parce que chacune d'elles
appartient en même temps à deux des trois quadrilatères. Ces trois diagonales sont (*fig.* 16) $\overline{AD}$,
$\overline{BC}$, $\overline{FG}$. Appelons *quadrilatère complet*, l'assemblage de ces trois quadrilatères avec leurs trois diagonales prolongées, jusqu'à ce qu'elles se rencon-
trent réciproquement.

Cette figure ou quadrilatère complet nous offre
un grand nombre de quadrilatères simples, ou systêmes tels que celui dont nous avons ci-dessus formé
le tableau : mais comme ceux qui sont formés trois
à trois par les quatre mêmes droites, ne donnent
que les mêmes formules, ainsi que nous l'avons vu
ci-dessus, nous pouvons réduire à huit tous les
systêmes corrélatifs qu'offre ce quadrilatère complet.

174. Voici le tableau général des corrélations
de construction de ces huit systêmes avec les quatre
équations qui appartiennent à chacun d'eux (169).

*Tableau général de corrélation de construction des
huit quadrilatères simples qui entrent dans la
composition du quadrilatère complet.*

$$1^{er} Syst.\ ABCDFG\dots \begin{cases} \overline{AB}.\overline{FD}.\overline{CG} = \overline{AG}.\overline{FB}.\overline{CD} \\ \overline{BD}.\overline{GC}.\overline{AF} = \overline{BF}.\overline{GD}.\overline{AC} \\ \overline{DC}.\overline{FA}.\overline{BG} = \overline{DG}.\overline{FC}.\overline{BA} \\ \overline{CA}.\overline{GB}.\overline{DF} = \overline{CF}.\overline{GA}.\overline{DB} \end{cases}$$

2ᵉ *Syst.* AKCFDG...
$$\overline{AK}.\overline{DF}.\overline{CG}=\overline{AG}.\overline{DK}.\overline{CF}$$
$$\overline{KF}.\overline{GC}.\overline{AD}=\overline{KD}.\overline{GF}.\overline{AC}$$
$$\overline{FC}.\overline{DA}.\overline{KG}=\overline{FG}.\overline{DC}.\overline{KA}$$
$$\overline{CA}.\overline{GK}.\overline{FD}=\overline{CD}.\overline{GA}.\overline{FK}$$

3ᵉ *Syst.* CBGFLA...
$$\overline{CB}.\overline{LF}.\overline{GA}=\overline{CA}.\overline{LB}.\overline{GF}$$
$$\overline{BF}.\overline{AG}.\overline{CL}=\overline{BL}.\overline{AF}.\overline{CG}$$
$$\overline{FG}.\overline{LC}.\overline{BA}=\overline{FA}.\overline{LG}.\overline{BC}$$
$$\overline{GC}.\overline{AB}.\overline{FL}=\overline{GL}.\overline{AC}.\overline{FB}$$

4ᵉ *Syst.* AFHLBK...
$$\overline{AF}.\overline{BL}.\overline{HK}=\overline{AK}.\overline{BF}.\overline{HL}$$
$$\overline{FL}.\overline{KH}.\overline{AB}=\overline{FB}.\overline{KL}.\overline{AH}$$
$$\overline{LH}.\overline{BA}.\overline{FK}=\overline{LK}.\overline{BH}.\overline{FA}$$
$$\overline{HA}.\overline{KF}.\overline{LB}=\overline{HB}.\overline{KA}.\overline{LF}$$

5ᵉ *Syst.* ADCBHG...
$$\overline{AD}.\overline{HB}.\overline{CG}=\overline{AG}.\overline{HD}.\overline{CB}$$
$$\overline{DB}.\overline{GC}.\overline{AH}=\overline{DH}.\overline{GB}.\overline{AC}$$
$$\overline{BC}.\overline{HA}.\overline{DG}=\overline{BG}.\overline{HC}.\overline{DA}$$
$$\overline{CA}.\overline{GD}.\overline{BH}=\overline{CH}.\overline{GA}.\overline{BD}$$

6ᵉ *Syst.* ADBCHF...
$$\overline{AD}.\overline{HC}.\overline{BF}=\overline{AF}.\overline{HD}.\overline{BC}$$
$$\overline{DC}.\overline{FB}.\overline{AH}=\overline{DH}.\overline{FC}.\overline{AB}$$
$$\overline{CB}.\overline{HA}.\overline{DF}=\overline{CF}.\overline{HB}.\overline{DA}$$
$$\overline{BA}.\overline{FD}.\overline{CH}=\overline{BH}.\overline{FA}.\overline{CD}$$

7ᵉ *Syst.* LBFDCG...
$$\overline{LB}.\overline{CD}.\overline{FG}=\overline{LG}.\overline{CB}.\overline{FD}$$
$$\overline{BD}.\overline{GF}.\overline{LC}=\overline{BC}.\overline{GD}.\overline{LF}$$
$$\overline{DF}.\overline{CL}.\overline{BG}=\overline{DG}.\overline{CF}.\overline{BL}$$
$$\overline{FL}.\overline{GB}.\overline{DC}=\overline{FC}.\overline{GL}.\overline{DB}$$

$$8° \textit{Syst.} \; \text{AKCLHG} \ldots \begin{cases} \overline{AK}.\overline{HL}.\overline{CG}=\overline{AG}.\overline{HK}.\overline{CL} \\ \overline{KL}.\overline{GC}.\overline{AH}=\overline{KH}.\overline{GL}.\overline{AC} \\ \overline{LC}.\overline{HA}.\overline{KG}=\overline{LG}.\overline{HC}.\overline{KA} \\ \overline{CA}.\overline{GK}.\overline{LH}=\overline{CH}.\overline{GA}.\overline{LK} \end{cases}$$

175. En combinant ces formules de diverses manières, on obtiendra de nouveaux résultats. Par exemple, en multipliant en croix la première et la huitième, on aura

$$\overline{AB}.\overline{CG}.\overline{FK}=\overline{FB}.\overline{CA}.\overline{GK}.$$

En multipliant directement la seconde et la vingtième, on aura

$$\overline{GC}.\overline{AF}.\overline{BH}=\overline{BF}.\overline{CH}.\overline{GA}.$$

En multipliant en croix la première et la douzième, on aura

$$\overline{FD}.\overline{GL}.\overline{AC}=\overline{AG}.\overline{CD}.\overline{FL}.$$

En multipliant la seconde et la dixième, on aura

$$\overline{BD}.\overline{AG}.\overline{CL}=\overline{GD}.\overline{AC}.\overline{BL}.$$

En multipliant la troisième par la vingt-quatrième, on aura

$$\overline{BG}.\overline{FD}.\overline{CH}=\overline{DG}.\overline{FC}.\overline{BH}.$$

En multipliant en croix la quatrième et la cinquième, on aura

$$\overline{CA}.\overline{GB}.\overline{DK}=\overline{AK}.\overline{DB}.\overline{CG}.$$

Ainsi des autres.

176. Multiplions ensemble la huitième formule

du tableau par la douzième, et par la première prise dans l'ordre renversé ou en croix, nous aurons

$$\overline{GK}.\overline{FL}=\overline{FK}.\overline{GL},$$

ou $$\overline{FK}:\overline{GK}::\overline{FL}:\overline{GL}.$$

Multiplions la quatrième par la dix-huitième, et par la cinquième prise dans l'ordre renversé, nous aurons

$$\overline{DK}.\overline{AH}=\overline{AK}.\overline{DH},$$

ou $$\overline{AH}:\overline{DH}::\overline{AK}:\overline{DK}.$$

Ainsi des autres.

177. Les triangles A B C, D B C, ayant la même base $\overline{BC}$, sont évidemment entre eux comme A H est à D H : donc

$$\overline{ABC}:\overline{DBC}::\overline{AH}:\overline{DH}.$$

Pareillement on a

$$\overline{AK}:\overline{DK}::\overline{AFG}:\overline{DFG};$$

donc, puisque par l'article précédent on a........
$\overline{AH}:\overline{DH}::\overline{AK}:\overline{DK}$, on aura

$$\overline{ABC}:\overline{DBC}::\overline{AFG}:\overline{DFG}.$$

On prouveroit de même qu'on a

$$\overline{BAD}:\overline{BFG}::\overline{CAD}:\overline{CFG},$$
$$\overline{FAD}:\overline{FBC}::\overline{GAD}:\overline{GBC}.$$

Ainsi des autres.

178. Soit A B C (*fig.* 18) un triangle : par un

point quelconque D du plan de ce triangle, menons les droites $\overline{A\,D\,a}$, $\overline{B\,D\,b}$, $\overline{C\,D\,c}$, aux angles, et qu'elles soient prolongées jusqu'à la rencontre des côtés opposés. Menons ensuite les droites $\overline{a\,c\,m}$, $\overline{b\,a\,n}$, $\overline{c\,b\,p}$, jusqu'à la rencontre des côtés $\overline{A\,C}$, $\overline{A\,B}$, $\overline{B\,C}$, ou leurs prolongemens. Cela posé, nous avons (167)

$$\overline{A\,c}\,.\,\overline{B\,a}\,.\,\overline{C\,b} = \overline{A\,b}\,.\,\overline{B\,c}\,.\,\overline{C\,a}.$$

Mais d'un autre côté, nous avons aussi (176)

$$\overline{B\,c}\,.\,\overline{A\,n} = \overline{A\,c}\,.\,\overline{B\,n},$$
$$\overline{A\,b}\,.\,\overline{C\,m} = \overline{C\,b}\,.\,\overline{A\,m},$$
$$\overline{C\,a}\,.\,\overline{B\,p} = \overline{C\,p}\,.\,\overline{B\,a}.$$

Multipliant ces quatre équations toutes ensemble, on aura

$$\overline{A\,m}\,.\,\overline{B\,n}\,.\,\overline{C\,p} = \overline{A\,n}\,.\,\overline{B\,p}\,.\,\overline{C\,n}.$$

179. Soit, en général (*fig.* 19), un triangle ABC, sur les côtés duquel, ou sur leurs prolongemens, soient pris à volonté les points a, b, c; formons le triangle $a\,b\,c$. Je l'appellerai *triangle inscrit* au triangle ABC, que je nommerai *triangle circonscrit*; prolongeons tous les côtés de ces triangles, jusqu'à ce que chacun d'eux rencontre le côté de l'autre triangle qui lui est opposé. Cela posé, le triangle circonscrit ABC, coupé par le côté $\overline{a\,b}$ du triangle inscrit, forme le quadrilatère ABab, qui donne (169)

$$\overline{An}\cdot\overline{Ba}\cdot\overline{Cb}=\overline{Ab}\cdot\overline{Bn}\cdot\overline{Ca}$$

$$\overline{Ac}\cdot\overline{Ba}\cdot\overline{Cm}=\overline{Am}\cdot\overline{Bc}\cdot\overline{Ca}$$

$$\overline{Ab}\cdot\overline{Bc}\cdot\overline{Cp}=\overline{Ac}\cdot\overline{Bp}\cdot\overline{Cb}.$$

Multipliant ces trois équations toutes ensemble, et réduisant, on a

$$\overline{Ba}^2\cdot\overline{An}\cdot\overline{Cm}\cdot\overline{Cp}=\overline{Ca}^2\;\overline{Am}\;\overline{Bn}\;\overline{Bp}$$

$$\overline{Ab}^2\cdot\overline{Bn}\cdot\overline{Cp}\cdot\overline{Cm}=\overline{Cb}^2\cdot\overline{Bp}\cdot\overline{An}\cdot\overline{Am}$$

$$\overline{Ac}^2\cdot\overline{Cm}\cdot\overline{Bn}\cdot\overline{Bp}=\overline{Bc}^2\cdot\overline{Cp}\cdot\overline{Am}\cdot\overline{An}.$$

Supposons que les droites $\overline{Aa}$, $\overline{Bb}$, $\overline{Cc}$, se croisent en un même point D (*fig.* 18), on aura (176)

$$\overline{Ba}:\overline{Ca}::\overline{Bp}:\overline{Cp}\quad\text{ou}\quad\overline{Ca}\cdot\overline{Bp}=\overline{Ba}\cdot\overline{Cp},$$

et par conséquent

$$\overline{Ca}^2\cdot\overline{Bp}^2=\overline{Ba}^2\cdot\overline{Cp}^2.$$

Multipliant par cette équation la première des trois trouvées ci-dessus, on aura, comme on l'a déjà trouvé (178),

$$\overline{Am}\cdot\overline{Bn}\cdot\overline{Cp}=\overline{An}\cdot\overline{Bp}\cdot\overline{Cm}.$$

180. Résumons cette théorie par une proposition générale sous forme technique.

A, B, C, D, *rangés à volonté sur un plan, donnent,*

$$1^\circ.\ \overline{AB}\cdot\overline{D\;AB\;CD}\cdot\overline{C\,AC\;BD}=\overline{CD\cdot A\,AC\;BD}\cdot\overline{B\;AB\;CD}$$

$$2^\circ.\ \overline{AB}\cdot\overline{AC}\cdot\overline{D\,AB\;CD}\cdot\overline{D\,AC\;BD}=\overline{BD\cdot CD\cdot A\,AB\;CD}\cdot\overline{A\,AC\;BD}$$

$$3^\circ.\ \overline{A}\cdot\overline{AB\;CD}\cdot\overline{B\,AD\;BC}\cdot\overline{C\,AC\;BD}=\overline{A\,AC\;BD}\cdot\overline{B\,AB\;CD}\cdot\overline{C\,AD\;BC}$$

$$4°.\ A\,\overline{AD}\,\overline{BC}.D\,\overline{AD}\,\overline{AB}\,\overline{CD}\,\overline{AC}\,\overline{BD}=A\,\overline{AD}\,\overline{AB}\,\overline{CD}\,\overline{AC}\,\overline{BD}.D\,\overline{AD}\,\overline{BC}$$

$$5°.\ \overline{AD}\,\overline{AB}\,\overline{CD}:\overline{BC}\,\overline{AB}\,\overline{CD}::\overline{AD}\,\overline{AC}\,\overline{BD}:\overline{BC}\,\overline{AC}\,\overline{BD}$$

$$6°.\ A\,\overline{AC}\,\overline{AD}\,\overline{BC}\,\overline{AB}\,\overline{CD}.B\,\overline{AB}\,\overline{AC}\,\overline{BD}\,\overline{AD}\,\overline{BC}.C\,\overline{BC}\,\overline{AB}\,\overline{CD}\,\overline{AC}\,\overline{BD}$$

$$=A\,\overline{AB}\,\overline{AC}\,\overline{BD}\,\overline{AD}\,\overline{BC}.B\,\overline{BC}\,\overline{AB}\,\overline{CD}\,\overline{AC}\,\overline{BD}.C\,\overline{AC}\,\overline{AD}\,\overline{BC}\,\overline{AB}\,\overline{CD}$$

181. En effet, d'après les notions données (73 *et suiv.*), nous avons (*fig.* 16)

$$F=\overline{AB}\,\overline{CD},\quad G=\overline{AC}\,\overline{BD},\quad H=\overline{AD}\,\overline{BC},$$

$$K=\overline{AD}\,\overline{AB}\,\overline{CD}\,\overline{AC}\,\overline{BD},\qquad L=\overline{BC}\,\overline{AB}\,\overline{CD}\,\overline{AC}\,\overline{BD},$$

et par conséquent

$$\overline{FD}=D\,\overline{AB}\,\overline{CD},\qquad \overline{CG}=C\,\overline{AC}\,\overline{BD},$$

$$\overline{AG}=A\,\overline{AC}\,\overline{BD},\qquad \overline{FB}=B\,\overline{AB}\,\overline{CD},$$

$$\overline{GD}=D\,\overline{AC}\,\overline{BD},\qquad \overline{AF}=A\,\overline{AB}\,\overline{CD},$$

$$\overline{AH}=A\,\overline{AD}\,\overline{BC},\qquad \overline{BH}=B\,\overline{AD}\,\overline{BC},$$

$$\overline{CH}=C\,\overline{AD}\,\overline{BC},\qquad \overline{DH}=D\,\overline{AD}\,\overline{BC},$$

$$\overline{FAD}=\overline{AD}\,\overline{AB}\,\overline{CD},\qquad \overline{FBC}=\overline{BC}\,\overline{AB}\,\overline{CD},$$

$$\overline{GAD}=\overline{AD}\,\overline{AC}\,\overline{BD},\qquad \overline{GBC}=\overline{BC}\,\overline{AC}\,\overline{BD}.$$

De même (*fig.* 18) nous avons

$$a=\overline{AD}\,\overline{BC},\quad b=\overline{AC}\,\overline{BD},\quad c=\overline{AB}\,\overline{CD},$$

$$m=\overline{AC}\,\overline{AD}\,\overline{BC}\,\overline{AB}\,\overline{CD},\quad n=\overline{AB}\,\overline{AC}\,\overline{BD}\,\overline{AD}\,\overline{BC},$$

$$p=\overline{BC}\,\overline{AB}\,\overline{CD}\,\overline{AC}\,\overline{BD}.$$

En

En substituant dans l'équation

$$\overline{AB}.\overline{FD}.\overline{CG}=\overline{AG}.\overline{FB}.\overline{CD},$$

trouvée (167), et sur laquelle sont formées toutes celles trouvées (174), on aura la première formule technique ci-dessus.

En substituant dans l'équation

$$\overline{AB}.\overline{FD}.\overline{GD}.\overline{AC}=\overline{BD}.\overline{AF}.\overline{AG}.\overline{CD},$$

trouvée (172), on aura la seconde des formules techniques.

En substituant dans l'équation

$$\overline{AF}.\overline{BH}.\overline{CG}=\overline{AG}.\overline{BF}.\overline{CH},$$

trouvée (175), on aura la troisième formule technique.

En substituant dans la proportion

$$\overline{AH}:\overline{DH}::\overline{AK}:\overline{DK},$$

trouvée (176), on aura la quatrième formule technique.

En substituant dans la proportion

$$\overline{FAD}:\overline{FBC}::\overline{GAD}:\overline{GBD},$$

trouvée (177), on aura la cinquième formule technique.

Enfin en substituant dans l'équation

$$\overline{Am}.\overline{Bn}.\overline{Cp}=\overline{An}.\overline{Bp}.\overline{Cm},$$

trouvée (178), on aura la sixième formule technique.

182. Pour appliquer ces formules techniques à

un autre quadrilatère quelconque, il n'y a qu'à substituer aux quatre points A , B , C , D , et dans quel ordre on voudra, les quatre points pris pour désigner les angles des nouveaux quadrilatères.

Ainsi, sans sortir de la figure proposée, si l'on substitue l'un pour l'autre deux quelconques des points A , B , C , D , dans ces formules, les équations qui en résulteront seront encore immédiatement applicables au systême proposé, puisque chaque formule n'a que deux termes.

183. Les expressions $\overline{AB} \cdot \overline{CD}$, $\overline{AC} \cdot \overline{BD}$, etc. désignent d'autres points qu'on peut également substituer aux points A , B , C , D , etc. dans quel ordre on voudra , et par-là on obtiendra une série indéfinie de formules toutes immédiatement applicables au même systême.

On peut aussi énoncer , en langage ordinaire , ces formules techniques comme il suit.

184. Pour traduire en langage ordinaire la première formule , il faut considérer qu'après avoir prolongé indéfiniment les quatre côtés du quadrilatère ABDC (*fig.* 17) , il en résulte une figure qu'on peut regarder comme un triangle AFC, dont les trois côtés prolongés sont coupés par une même droite ou transversale BG, qui est le quatrième côté du quadrilatère aussi prolongé. Cela posé, on verra que nous pouvons énoncer , comme il suit, la première formule technique , qui (181) est la même chose que la formule trouvée (167).

Les trois côtés d'un triangle quelconque (comme AFC) *étant prolongés indéfiniment, si l'on mène une transversale indéfinie* $(\overline{BG})$ *qui les coupe tous trois* (aux points (B, D, G,) *il résultera de cette construction, sur chacun des côtés du triangle, deux segmens ;* (savoir, pour le côté $\overline{AF}$, les segmens $\overline{AB}$, $\overline{FB}$; pour le côté $\overline{FC}$, les segmens $\overline{FD}$, $\overline{CD}$; et pour le côté $\overline{AC}$, les segmens $\overline{AG}$, $\overline{CG}$). *Or, de ces six segmens, le produit formé de trois d'entre eux, comme facteurs, est égal au produit formé des trois autres ; en prenant ces facteurs de manière qu'il n'en entre pas deux dans le même produit qui aient pour extrémités un même angle du triangle ou un même point de la transversale.* En effet, il est clair que cette proposition n'est autre chose que la traduction de l'équation

$$\overline{AB}.\overline{FD}.\overline{CG} = \overline{AG}.\overline{FB}.\overline{CD},$$

qui est (181) la première formule technique.

185. La seconde formule étant (181) la même chose que l'équation . . . .
$$\overline{AB}.\overline{FD}.\overline{GD}.\overline{AC} = \overline{BD}.\overline{AF}.\overline{AG}.\overline{CD},$$ on peut la mettre en forme de proportion ; ainsi

$$\overline{AF}.\overline{AG} : \overline{FD}.\overline{GD} :: \overline{AB}.\overline{AC} : \overline{BD}.\overline{CD}.$$

On peut donc énoncer cette proposition comme il suit :

Dans tout quadrilatère (comme ABDC), *le*

produit des deux distances $(\overline{AF}, \overline{AG},)$ *de l'un quelconque* (A) *des angles aux points de concours* (F, G,) *des côtés* $(\overline{AB}, \overline{AC})$ *partans de ce même angle, avec les côtés respectivement opposés* $(\overline{CD}, \overline{BD})$, *est au produit des deux distances* $(\overline{FD}, \overline{DG})$ *de l'angle* (D) *opposé en diagonale aux mêmes points de concours* (F, G), *comme le produit des deux côtés* $(\overline{AB}, \overline{AC})$ *du quadrilatère, adjacens au premier de ces angles est au produit des deux autres côtés* $(\overline{BD}, \overline{DC})$.

Si l'on observe que $\overline{AD}$ (*fig.* 16) est une diagonale commune aux deux quadrilatères ABDC, AFDG, on verra qu'il est possible d'énoncer aussi cette proposition comme il suit :

Dans un quadrilatère complet (ABCDFGH), *si l'on mène une quelconque des diagonales* $(\overline{AD})$, *et qu'on compare ensemble les deux quadrilatères simples* (ABDC; AFDG), *auxquels cette diagonale est commune, le produit des deux côtés* $(\overline{AB}, \overline{AC})$ *de l'un de ces quadrilatères, et partans de l'une des extrémités* (A) *de cette diagonale, est, au produit des deux autres côtés* $(\overline{BD}, \overline{CD})$ *de ce même quadrilatère, comme le produit des deux côtés* $(\overline{AF}, \overline{AG})$ *de l'autre quadrilatère, partans de la même première extrémité* (A) *de cette diagonale, est au produit des deux autres côtés* $(\overline{DF}, \overline{DG})$ *de ce second quadrilatère.*

186. La troisième formule technique qui (181) est la même chose que cette équation . . . . $\overline{AF} . \overline{BH} . \overline{CG} = \overline{AG} . \overline{BF} . \overline{CH}$, trouvée (175), peut se traduire ainsi :

Si, dans un triangle quelconque (ABC), on prend à volonté, soit sur l'aire de ce triangle, soit en dehors, dans le même plan, un point (D), et qu'on mène de ce point à chacun des angles du triangle une droite prolongée, s'il est nécessaire, jusqu'à la rencontre du côté opposé, il résultera de cette construction six segmens formés sur les côtés du triangle, deux pour chacun ; (savoir, $\overline{AF}, \overline{FB}$ *pour le côté* $\overline{AB}$; $\overline{AG}, \overline{CG}$, *pour le côté* $\overline{AC}$; $\overline{BH}, \overline{CH}$, *pour le côté* $\overline{BC}$). *Cela posé, de ces six segmens, le produit formé par trois d'entre eux, comme facteurs, est égal au produit formé des trois autres, en les prenant de manière que dans chacun de ces produits il n'y ait pas deux facteurs qui aient pour extrémités un point commun.*

187. La quatrième formule technique étant (181), la même chose que cette proportion . . . . $\overline{AH} : \overline{DH} :: \overline{AK} : \overline{DK}$, trouvée (176), et les droites $\overline{AD}, \overline{FG}, \overline{BC}$ étant (173) les trois diagonales du quadrilatère complet ABCDFGHK, nous pouvons la traduire ainsi :

Dans tout quadrilatère complet, si l'on mène les trois diagonales, chacune d'elles sera coupée par les deux autres, en segmens proportionnels.

188. La cinquieme formule technique étant
(181) la même chose que la proportion. . . . . . .
$\overline{FAD} : \overline{FBC} :: \overline{GAD} : \overline{GBC}$, trouvée (177), peut
se traduire ainsi :

*Dans tout quadrilatère complet,,si l'on mène
les trois diagonales , les deux triangles (* comme
FAD, FBC *) qui ayant pour sommet commun
l'une (F) des extrémités de l'une ($\overline{FG}$) des trois
diagonales , et pour bases respectives les deux
autres diagonales* $(\overline{AD}, \overline{BC})$, *sont entre eux
comme les deux triangles* (GAD, GBC) *qui ,
respectivement appuyés sur les mêmes bases . . .*
$(\overline{AD}, \overline{BC})$, *ont pour sommet commun l'autre extrémité* (G) *de la première diagonale* ($\overline{FG}$).

189. La sixième formule technique étant (181)
la même chose que cette équation . . . .
$\overline{Am} . \overline{Bn} . \overline{Cp} = \overline{An} . \overline{Bp} . \overline{Cm}$, trouvée (178),
peut se traduire ainsi :

Si par un point (D) *pris à volonté dans le plan
d'un triangle* (ABC), *on mène à chacun des
angles une droite prolongée jusqu'au côté opposé ,
et qu'ayant joint ces points d'intersection deux à
deux pour former un triangle* (abc) *inscrit au
premier , on prolonge chacun des côtés de ce triangle inscrit jusqu'à la rencontre du côté opposé
du triangle circonscrit* (en m, n, p). *Ces trois derniers points d'intersection formeront , sur les côtés*

du triangle circonscrit, six segmens, deux sur chacun; (savoir, $\overline{An}$, $\overline{Bn}$, sur le côté $\overline{AB}$; $\overline{Am}$, $\overline{Cm}$, sur le côté Ac; $\overline{Bp}$, $\overline{Cp}$, sur le côté $\overline{BC}$). *Cela posé, le produit de trois de ces segmens, comme facteurs, sera égal au produit des trois autres segmens, en les prenant de manière que, dans chaque produit, il n'entre jamais deux facteurs qui aient une extrémité commune.*

190. Quant à la formule . . . .
$$\overline{Ba}^2 . \overline{An} . \overline{Cm} . \overline{Cp} = \overline{Ca}^2 . \overline{Am} . \overline{Bn} . \overline{Bp} ,$$ trouvée (179), elle n'est pas comprise dans la proposition générale donnée sous forme technique (180), ni dans les propositions particulières qu'on vient de voir, et qui en sont la traduction. Il seroit peut-être difficile de l'énoncer ainsi en langage ordinaire, d'une manière assez simple; mais il est aisé de la rendre en langage technique, comme il suit :

$\widehat{ABC}$, *triangle inscrit au premier* a b c ; a, b, c, *placés à volonté, sur les côtés ou prolongemens des côtés du premier, respectivement opposés à* A, B, C ; *donnent*

$$\overline{Ba}^2 . \overline{A\,AB\,ab} . \overline{C\,CA\,ca} . \overline{C\,CB\,cb}$$
$$= \overline{Ca}^2 . \overline{A\,AC\,ac} . \overline{B\,BA\,ba} . \overline{B\,BC\,bc}.$$

191. Parmi les applications dont toute cette théorie est susceptible, je me borne à un exemple simple.

Supposons qu'étant placé au point K (*fig.* 16),

sur un terrein, on apperçoive un objet A, et qu'on veuille en connoître la distance par une opération graphique : ayant placé un piquet ou jalon au point K, et un autre à un point D, pris à volonté sur la direction $\overline{KA}$, portez-vous en un autre point quelconque F, duquel vous puissiez appercevoir les points A, K; plantez un jalon à ce point F, et faites-en planter un autre au point G, pris à volonté, sur la direction $\overline{FK}$, tel que de ce point G on voie aussi l'objet A : des points G, F, dirigez des rayons visuels sur D, et faites planter des jalons aux points C, B, où ces rayons visuels coupent $\overline{GA}$, $\overline{FA}$. Allez ensuite au point B, et faites planter un jalon au point H, où se croisent les deux rayons visuels $\overline{BC}$, $\overline{KA}$; alors si vous mesurez seulement $\overline{KH}$, et prenez en passant les valeurs de $\overline{DK}$, $\overline{DH}$, vous trouverez

$\overline{AK}$ par cette proportion $\overline{AK} : \overline{DK} :: \overline{AH} : \overline{DH}$;

ou $\quad \overline{AK} : \overline{AK} - \overline{AH} :: \overline{DK} : \overline{DK} - \overline{DH}$;

ou à cause de $\overline{AK} - \overline{AH} = \overline{KH}$, on aura

$$\overline{AK} = \frac{\overline{KH} . \overline{DK}}{\overline{DK} - \overline{DH}}.$$

Il est clair qu'on peut varier cette construction, par exemple, en prenant les points F, G, d'un même côté du point K, ou bien le point D en arrière, par rapport au point A. La nature du site peut décider la préférence.

192. Nous avons vu (169) que quatre droites

quelconques tracées dans un plan, forment trois quadrilatères. Il est visible pareillement, que cinq droites tracées dans un plan doivent former aussi plusieurs pentagones différens ; que six droites doivent former plusieurs hexagones, etc. On pourroit donc demander, en général, combien un nombre n de droites tracées dans un même plan forment de polygones du même nombre n de côtés.

Pour résoudre cette question, il faut considérer que chaque droite étant coupée par chacune des autres, il doit y avoir sur elle $n-1$ points d'intersection, et que chacun d'eux peut être un sommet d'angle de l'un des polygones cherchés. Il faut, pour former le premier des côtés du polygone, passer de ce premier point à un des autres points d'intersection formés sur la même droite ; et comme il y en a en tout $n-1$, il suit qu'il y auroit . . . . . . $\overline{n-1}.\overline{n-2}$, droites qui pourroient servir de premier côté au polygone, si chacun de ces côtés ne se trouvoit pas ainsi répété deux fois. Donc le nombre des segmens qui peuvent ainsi former le premier des côtés du polygone, est seulement $\dfrac{\overline{n-1}.\overline{n-2}}{2}$.

Le premier point du second côté étant ainsi déterminé, il faut trouver sur la direction de ce second côté, le premier point du troisième : or, il y a pour cela à choisir entre $n-3$ lignes, puisqu'il y en a déjà deux d'employées. On peut donc fixer ce troisième point de $n-3$ manières. Par la même raison, le quatrième point peut être fixé de $n-4$ manières, lorsqu'on a fixé le troisième, ainsi de suite. Donc le nombre des polygones formés par l'assemblage de n, lignes droites tracées dans un plan, est.......

$$\frac{\overline{n-1}.\overline{n-2}.\overline{n-3}\ldots\ldots 1}{2}.$$

Soit, par exemple, $n = 3$, le nombre des polygones possibles sera donc

$$\frac{\overline{3-1}.\overline{3-2}}{2} = 1 ;$$

c'est-à-dire, qu'on ne peut former qu'un seul triangle avec trois lignes droites tracées dans un plan.

Soit $n = 4$, le nombre des polygones possibles sera

$$\frac{\overline{4-1}.\overline{4-2}.\overline{4-3}}{2} = 3 ;$$

c'est-à-dire que trois droites tracées dans un plan forment trois quadrilatères.

Soit $n = 5$, le nombre des polygones possibles de cinq côtés sera donc

$$\frac{\overline{5-1}.\overline{5-2}.\overline{5-3}.\overline{5-4}}{2} = 12.$$

Ainsi cinq droites tracées dans un plan forment douze pentagones.

On peut se proposer diverses questions du même genre. On peut demander, par exemple, combien de triangles, de quadrilatères, etc. forment un nombre n de droites tracées dans un plan ; combien de polyèdres d'un nombre m de faces peuvent faire un nombre n de plans imaginés dans l'espace, etc.

PROBLÊME V.

193. *Trouver les rapports qui existent entre les côtés et les angles d'un polygone quelconque fermé.*

Solution. On sait que dans le triangle qui est le plus simple de tous les polygones, chacun des côtés est égal à la somme des deux autres, multipliés chacun par le cosinus de l'angle qu'il forme avec le premier : et de ce principe on peut déduire toutes les propriétés du triangle ; car si l'on suppose que A, B, C, soient les trois angles, a, b, c, les côtés respectivement opposés à ces angles , ce principe donnera les trois équations suivantes :

$$a = b \cdot \cos C + c \cdot \cos B$$
$$b = a \cdot \cos C + c \cdot \cos A$$
$$c = a \cdot \cos B + b \cdot \cos A.$$

Ces trois équations renferment les six choses à considérer dans le triangle, représentées par a, b, c, cos A, cos. B, cos. C, et par conséquent trois d'entre elles étant données, sauf l'exception connue des trois angles, ces équations suffiront pour faire trouver le reste, en éliminant successivement les inconnues par les règles ordinaires de l'algèbre.

194. Mais cette propriété n'appartient pas seulement au triangle, elle est commune à tous les polygones, et s'étend même aux polygones gauches ; c'est-à dire, qui n'ont pas tous leurs angles dans le même plan.

En effet, prenons pour terme de comparaison ou système primitif, un polygone A C D F G B (*fig* 20), tel qu'en prenant l'un des côtés $\overline{AB}$ pour base, et abaissant de tous les autres angles C, D, F, G, des perpendiculaires $\overline{Cc}, \overline{Dd}, \overline{Ff}, \overline{Gg}$, sur cette base, toutes ces perpendiculaires tombent entre le point A et le point B. Je dis que cette base $\overline{AB}$ sera égale à la somme des côtés $\overline{AC}, \overline{CD}, \overline{DF}, \overline{FG}, \overline{GB}$; multipliés chacun par le cosinus de l'angle qu'il forme avec cette même base $\overline{AB}$, en les prolongeant s'il en est besoin, ainsi que la base, jusqu'à ce qu'elle soit coupée par eux tous.

En effet, on a évidemment

$$\overline{AB} = \overline{Ac} + \overline{cd} + \overline{df} + \overline{fg} + \overline{gB};$$

or, le triangle C A c donne

$$\overline{Ac} = \overline{AC} \cdot \cos CA c.$$

Pareillement en prolongeant $\overline{CD}$ jusqu'au point m de la direction de la base $\overline{AB}$, on a, à cause des triangles semblables $m\,C\,c$, $m\,D\,d$,

$$\overline{cd} : \overline{CD} :: \overline{mc} : \overline{mC},$$

ou
$$\overline{cd} = \overline{CD}\,\frac{\overline{mc}}{\overline{mC}}.$$

Or, il est clair que

$$\frac{\overline{mc}}{\overline{mC}} = \cos C m c.$$

Donc
$$\overline{cd} = \overline{CD} \cdot \cos C m c.$$

Le même raisonnement ayant visiblement lieu pour tous les autres côtés $\overline{DF}$, $\overline{FG}$, $\overline{GB}$, la proposition avancée s'en suit nécessairement pour ce cas, quel que soit le nombre des côtés du polygone.

195. Concevons maintenant que ce système primitif vienne à se transformer d'une manière quelconque par degrés insensibles, tous les nouveaux polygones qui en résulteront seront autant de systêmes corrélatifs ; et pour leur rendre immédiatement applicable la proposition que nous venons d'établir sur le système primitif, il suffit d'y substituer à chacun des côtés et des angles dont il s'y agit, sa valeur de corrélation.

Supposons donc que A C D F G B (*fig.* 21) représente le systême transformé, nous avons à comparer cette figure avec la première. Mais il est clair que cette transformation a pu s'opérer sans qu'aucune des quantités dont il s'agit ait passé ni par o ni par ∞. Seulement les angles et les côtés qui sont les seules quantités dont il soit parlé dans la proposition, auront pu diminuer ou s'agrandir par la mutation, mais non jusqu'à o ou à ∞. Donc la proposition est immédiatement applicable à tous les systêmes corrélatifs possibles. Donc, en général,

Dans tout polygone , un côté quelconque est égal à la somme de tous les autres , multipliés chacun par le cosinus de l'angle qu'il forme avec le premier.

196. Lorsque l'angle formé par la base et l'un

des côtés, est obtus, la valeur de corrélation du cosinus devient négative (122); mais il n'y a rien à changer pour cela dans l'énoncé de la proposition; car nous avons dit (119) que par ces expressions de sinus, de cosinus, etc. on entendoit toujours les valeurs de corrélation, et non les valeurs absolues, à moins qu'on n'avertît expressément du contraire. Ainsi, par le cosinus d'un angle obtus, par exemple, on entend la valeur absolue du cosinus de cet angle, prise collectivement avec son signe; et c'est cette valeur collective qu'on exprime dans le calcul par la caractéristique cos.

Il en est de même, en général, dans l'algèbre, pour toutes les espèces de quantités. Ce ne sont jamais ces quantités même, mais toujours leurs valeurs de corrélation dont on parle, à moins qu'on n'en avertisse expressément dans chaque cas particulier, ou une fois pour toutes, par une dénomination spéciale, comme je l'ai fait au commencement, en réservant l'expression de *quantités* pour désigner les valeurs absolues; c'est même ce qui distingue particulièrement l'analyse de la synthèse, où l'on ne peut jamais raisonner que sur des objets réels et effectifs (1).

______

(1) Je crois que toute autre distinction entre la synthèse et l'analyse est illusoire. La synthèse est, dit-on, l'art de s'élever graduellement des vérités les plus simples aux plus composées, par le rapprochement et la combinaison des premières; tandis que l'analyse est l'art de décomposer une vérité compliquée en ses principes élémentaires; c'est-à-dire, l'art

197. Pour ne pas se tromper dans l'application de la proposition précédente , il faut donc bien prendre garde à ne pas confondre les angles que forment entre eux les côtés , avec les supplémens de ces mêmes angles, puisque deux angles supplémens l'un de l'autre ont bien pour leurs cosinus respectifs , les mêmes valeurs absolues , mais non le même signe de corrélation, celui du cosinus des angles obtus étant toujours —.

---

de vérifier de proche en proche si une proposition ou un résultat quelconque proposé , s'accorde avec ces principes élémentaires ou axiomes , et s'en trouve une conséquence nécessaire. Mais il est évident que les raisonnemens à faire dans l'un et l'autre cas, sont les mêmes pris dans un ordre rétrograde. Ce n'est donc pas une différence essentielle entre les deux méthodes, et l'on ne voit pas là ce qui donneroit à l'une un si grand avantage sur l'autre.

Les caractères ou signes que l'une emploie, tandis que l'autre n'emploie communément que le langage ordinaire, n'établissent pas par eux-mêmes une distinction plus réelle ; car dans la synthèse on emploie souvent ces signes comme simples abréviations, et l'on ne fait pas pour cela de l'analyse. Et réciproquement , une formule analytique traduite en langage ordinaire , ne devient pas pour cela une proposition synthétique.

Mais ce qui distingue essentiellement les deux méthodes, c'est qu'en synthèse les signes ne sont véritablement que des abréviations, qu'elles n'indiquent jamais que des combinaisons possibles , des opérations exécutables , parce qu'en synthèse l'esprit ne perd jamais de vue son objet, qu'il faut que cet objet soit réel et net, ainsi que tous les rapprochemens et toutes les combinaisons qu'on en fait. Dans l'analyse, au contraire, on admet des objets qui n'existent pas; on les repré-

Pour cela, il faut distinguer l'intérieur et l'extérieur du polygone. Or, dans le système primitif, nous avons établi notre raisonnement sur les angles formés par les faces intérieures des côtés du polygone, et non par les faces extérieures. Ce sont donc toujours celles-là qu'il faut considérer dans toutes les mutations qui arrivent. Par exemple, nous disons que $\overline{A\,c}$ est égal à $\overline{A\,C}$, multiplié par le cosinus de l'angle que forme le côté $\overline{A\,C}$ avec la base $\overline{A\,B}$;

---

sente par des hiéroglyphes aussi bien que ce qui est effectif. On mélange les êtres réels avec les êtres de raison ; puis par des transformations méthodiques, on parvient à éliminer ou chasser ces derniers du calcul : alors ce qu'il y avoit d'inintelligible dans les formules disparoît ; il reste ce qu'une synthèse subtile auroit sans doute pu faire découvrir. Mais ce résultat, on l'a souvent obtenu par une voie plus courte, plus facile, et presque par pur mécanisme, lorsqu'il auroit fallu des efforts prodigieux pour y parvenir autrement. Tel est l'avantage de l'analyse, et par conséquent celui des modernes sur les anciens.

Au nombre des êtres de raison ou des objets qui n'existent pas, et que cependant on représente par des symboles, sont les quantités dites négatives, lorsqu'elles sont isolées ou précédées de quantités moindres qu'elles ; car soit qu'on les regarde comme moindres que o, soit qu'on les regarde comme prises en sens contraire des quantités positives, elles sont également inintelligibles, et l'on seroit exposé à tirer des conséquences fausses, soit de l'une, soit de l'autre de ces notions.

En effet, dans le premier cas, on dira que, puisqu'on a le droit de négliger dans le calcul une quantité qui est o, à plus forte raison doit-on avoir celui de négliger une quantité moindre que o. Dans le second cas, on dira que, dans une courbe, comme le cercle ou la parabole, si l'axe coupe les

or,

or, $\overline{AC}$ forme avec $\overline{AB}$ deux angles CAc, et CAm, mais il ne s'agit point de ce dernier dans la proposition ; il n'est question que de l'angle CAc, formé par la face intérieure de $\overline{CA}$ et la face intérieure de $\overline{AB}$, ce dont on peut se faire une idée sensible, si l'on imagine, par exemple, que la paroi intérieure du polygone est de couleur blanche, et les faces extérieures de couleur noire, car alors il ne s'agira dans la proposition, que des angles formés par les

---

ordonnées en deux parties égales, l'une d'elles étant négative pendant que l'autre est positive, la somme des deux est o; que par conséquent aussi l'aire de la courbe est o, ainsi que le solide de révolution, etc. Rien ne pourra faire connoître, par exemple encore, si, la sécante d'un arc étant positive, celle de son supplément est positive ou négative ; car celle-ci fait un angle avec la première, et ne peut être dite par conséquent, ni dans le même sens qu'elle, ni dans un sens contraire. Mais comme la sécante du premier de ces arcs est positive, on se croira au moins bien fondé à affirmer que la sécante de ce même arc augmenté de la demi-circonférence, est aussi positive, puisqu'elle se confond exactement avec la première, tant pour sa grandeur que pour sa direction ; et cependant on sera dans l'erreur, puisque la sécante d'un arc dont le dernier point tombe sur le troisième quart de la circonférence, est toujours négative.

Il convient donc de distinguer, comme je l'ai fait, les *quantités*, qui sont des objets réels, des *valeurs*, qui sont ces mêmes quantités prises collectivement avec leurs signes ; c'est-à-dire, de simples formes algébriques, lesquelles ne donnent souvent des phrases intelligibles qu'après avoir éprouvé diverses transformations qui dégagent les quantités effectives de ces signes par lesquels étoient indiquées des opérations non exécutables.

K.

faces de couleur blanche. Dans cette supposition, il faut imaginer que si l'on prolonge chacun des côtés indéfiniment, chaque face conserve la même couleur dans toute son étendue. Ainsi en prolongeant $\overline{AB}$ et $\overline{CD}$ jusqu'en m, on voit, d'après cette notion, que l'angle CmA est formé par la face blanche de $\overline{CD}$ et la face blanche de $\overline{AB}$, prolongées l'une et l'autre ; mais qu'au contraire l'angle mCA est formé par la face blanche de $\overline{CD}$ prolongée, et la face noire de $\overline{CA}$.

198. Il faut appliquer la même notion aux plans qui forment les faces d'un polyèdre. Lorsqu'on parle des angles formés par ces plans entre eux, c'est toujours de la partie qui regarde l'intérieur du polyèdre ou son prolongement du même aspect, qu'on entend parler ; c'est-à-dire, qu'en supposant la paroi intérieure de ce polyèdre de couleur blanche, et cette couleur étendue sur le même côté de cette face indéfiniment prolongée, l'angle est toujours censé celui qui est formé par les deux parois blanches, ou si l'on veut, par les deux parois noires entre elles ; car ces deux angles sont opposés par le sommet, et par conséquent égaux, tandis que l'angle formé par la paroi blanche et la paroi noire, entre elles, n'est que le supplément de celui que l'on considère.

Au reste, tout ceci n'est que pour aider l'imagination. La règle générale est qu'il faut toujours partir du système primitif, et le suivre graduellement dans toutes ses transformations, pour savoir ce que devient chacun des angles, chacun des côtés, et reconnoître ainsi les quantités correspondantes.

199. Supposons que par l'effet de cette transformation graduelle, le polygone devienne gauche; c'est-à-dire, que les points A, C, D, F, G, B, cessent de se trouver tous dans un même plan, la droite $\overline{AB}$ (*fig.* 20) n'en sera pas moins la somme des segmens $\overline{Ac}$, $\overline{cd}$, $\overline{df}$, etc. Mais comme les droites $\overline{CD}$, $\overline{AB}$, même prolongées, peuvent ne plus se rencontrer, il faut savoir ce que deviennent les valeurs de corrélation. Pour cela, au lieu des perpendiculaires $\overline{Cc}$, $\overline{Dd}$, $\overline{Ff}$, etc. concevons que ce soient des plans perpendiculaires à $\overline{AB}$, et passant toujours par les angles C, D, F, etc. menons par le point c une droite $\overline{cD'}$, parallèle à $\overline{CD}$, jusqu'au plan $\overline{Dd}$; par d une droite $\overline{dF'}$, parallèle à $\overline{DF}$, jusqu'au plan $\overline{Ff}$, etc. Or, il est évident que $\overline{cD'}$ sera égale à $\overline{CD}$, $\overline{dF'}$ égale à $\overline{DF}$, etc. Donc $\overline{cd}$ sera égale à $\overline{CD'}$ ou $\overline{CD}$, multipliée par le cosinus de l'angle formé par $\overline{cD'}$ et $\overline{cd}$, $\overline{df}$ sera égale à $\overline{DF}$ multipliée par le cosinus de l'angle formé par $\overline{dF'}$ et $\overline{dF}$, etc. Donc la proposition générale est applicable au cas présent, en prenant pour valeur de l'angle Cmc du système primitif, l'angle D'cd du système transformé, ainsi des autres; et comme en menant par un point quelconque de l'espace des droites parallèles à $\overline{AB}$, $\overline{DC}$, $\overline{DF}$, et dans le même sens

qu'elles, elles formeront évidemment les mêmes angles que $\overline{c\,D'}$ et $\overline{c\,d}$, $\overline{d\,F'}$ et $\overline{d\,f}$, etc. Il suit que la proposition que nous avons énoncée (195) est applicable à tous les polygones possibles, et même gauches, en comprenant en général, sous le nom d'angle formé par deux droites, même lorsqu'elles ne sont pas dans un même plan, celui que formeroient entre elles deux autres droites menées d'un point quelconque pris à volonté dans l'espace, parallèlement aux premières, et dans le même sens qu'elles respectivement.

200. cd est, comme on le voit, le segment formé sur $\overline{AB}$, entre les deux perpendiculaires abaissées des extrémités C, D, de la droite $\overline{CD}$, et ainsi des autres $\overline{df}, \overline{fg}$, etc. C'est ce que j'appellerai en général projection d'une droite sur une autre; c'est-à-dire, que $c\,d$ est la projection de $\overline{CD}$ sur $\overline{AB}$: ainsi la projection d'une droite sur une autre, est la portion de cette dernière comprise entre les perpendiculaires abaissées sur elle des deux extrémités de la première.

Or, il est clair, d'après ce qu'on vient de dire, que la projection d'une droite sur une autre est égale à la première de ces droites, multipliée par le cosinus de l'angle formé entre ces deux mêmes droites.

201. On peut évidemment regarder le point qui forme le sommet de chacun des angles d'un polygone

comme un côté infiniment petit. Un pentagone, par exemple, peut être regardé comme un hexagone dont l'un des côtés seroit infiniment petit. On peut, de plus, attribuer à ce côté infiniment petit, une direction quelconque; et comme les angles que, d'après les notions précédentes, formera cette direction avec tous les autres côtés du polygone, sont les mêmes que ceux que formeroit avec ces mêmes côtés toute autre droite parallèle à la première, il suit évidemment, qu'en général,

La somme des côtés d'un polygone quelconque, soit plan, soit gauche, multipliés chacun par le cosinus de l'angle qu'il forme avec une droite tracée dans l'espace et dans un sens donné, est égale à zéro.

202. Soit (*fig.* 22) ABCDEF un polygone inscrit : supposons tous les arcs AB, BC, CD, égaux, excepté le dernier, dont la corde est $\overline{AF}$, et qui est égal à la somme de tous les autres. Nommons $2a$ chacun de ces autres arcs égaux : soient n leur nombre, et 1 le diamètre du cercle. Nous aurons donc (126)

$$\overline{AB} = \sin a, \overline{BC} = \sin a, \text{ etc. } \overline{AF} = \sin n a.$$

De plus l'angle BAF formé par le côté $\overline{AF}$ et le côté $\overline{AB}$, sera évidemment $\overline{n-1} . a$; l'angle formé par le même côté AF et le côté $\overline{BC}$ sera $\overline{n-3} . a$; l'angle formé par $\overline{AF}$ et $\overline{CD}$ sera $\overline{n-5} . a$, etc.

Donc, par la proposition établie (195), nous aurons

K 3

$\sin na = \sin a \cdot \cos \overline{n-1} \cdot a + \sin a \cdot \cos \overline{n-3} \cdot a +,$ etc.

équation dans laquelle le second membre aura n termes.

Supposons $na =$ circonférence entière , est par conséquent $\sin na = 0$, l'équation précédente deviendra , en divisant tout par $\sin a$,

$\cos \overline{n-1} \cdot a + \cos \overline{n-3} \cdot a + \cos \overline{n-5} \cdot a +$ etc. $= 0$,

qui conduit à une théorie connue sur les arcs, en progression arithmétique.

203. Soient en général a, b, c, d, etc. les côtés d'un polygone quelconque proposé plan ou gauche, $\widehat{a\,b}$, $\widehat{a\,c}$, $\widehat{b\,c}$, etc. les angles formés par les côtés deux à deux (76).

Cela posé, en prenant successivement pour bases ces côtés a, b, c, etc. nous aurons, par le principe établi (195),

$$a = b \cdot \cos \widehat{a\,b} + c \cdot \cos \widehat{a\,c} + d \cdot \cos \widehat{a\,d} + \text{etc.}$$
$$b = a \cdot \cos \widehat{a\,b} + c \cdot \cos \widehat{b\,c} + d \cdot \cos \widehat{b\,d} + \text{etc.}$$
$$c = a \cdot \cos \widehat{a\,c} + b \cdot \cos \widehat{b\,c} + d \cdot \cos \widehat{c\,d} + \text{etc.}$$

etc. etc. etc.

Multipliant la première de ces équations par a, la seconde par b, la troisième par c, etc. puis ajoutant ensemble toutes ces équations, on aura

$$a^2 + b^2 + c^2 + \text{etc.} = 2\,ab \cdot \cos \widehat{a\,b} + 2\,ac \cdot \cos \widehat{a\,c} + \text{etc.}$$

c'est-à-dire, que *dans tout polygone plan ou gauche , la somme des quarrés des côtés est égale au double de la somme des produits de ces côtés mul-*

tipliés deux à deux, et par le cosinus de l'angle qu'ils comprennent.

204. Si, dans la démonstration de cette proposition, au lieu d'ajouter ensemble toutes les équations, on retranche la première de la somme de toutes les autres, on aura, en transposant,

$$a^2 = b^2 + c^2 + d^2 + \text{etc.} - 2(bc.\cos bc + bd.\cos bd + \text{etc.});$$

c'est-à-dire, que *dans tout polygone le quarré de l'un quelconque des côtés est égal à la somme des quarrés de tous les autres côtés, moins deux fois les produits de tous ces autres côtés, multipliés deux à deux, et par le cosinus de l'angle qu'ils comprennent.*

Par exemple, dans un triangle dont les angles sont A, B, C, et les côtés respectivement opposés a, b, c, (193) puisqu'alors $\widehat{bc}$ devient A, on aura

$$a^2 = b^2 + c^2 - 2bc.\cos A,$$

propriété familière du triangle.

205. Si dans la démonstration de la proposition trouvée (203), au lieu d'ajouter ensemble toutes les équations, on en ajoute seulement un certain nombre à volonté, d'une part, et d'une autre part toutes les autres ; qu'ensuite on retranche cette dernière somme de la première, on en conclura qu'en général,

Dans tout polygone, plan ou gauche, la somme des quarrés d'un nombre quelconque de côtés, moins deux fois la somme des produits de ces côtés

multipliés deux à deux, et par le cosinus de l'angle qu'ils comprennent, est égale à la somme des quarrés de tous les autres côtés, moins deux fois la somme des produits de ces côtés multipliés deux à deux, et par le cosinus de l'angle qu'ils comprennent.

206. Si le polygone vient à changer de forme, les côtés restant néanmoins toujours les mêmes, de manière qu'il n'y ait de changement que dans les angles, la somme des quarrés des côtés restera la même ; donc la valeur que nous avons trouvée (203) être égale à cette somme de quarrés, demeurera aussi la même. Donc en général,

Si un polygone, plan ou gauche, se transforme d'une manière quelconque en demeurant néanmoins toujours fermé, et la grandeur des côtés restant toujours la même, la somme des produits de tous ces côtés, multipliés deux à deux, et par le cosinus de l'angle compris, sera une quantité constante.

207. Concevons que d'un point ou foyer quelconque pris dans l'espace, on fasse partir autant de droites qu'il y a de côtés dans un polygone, plan ou non, et que ces droites soient égales et parallèles chacune à chacun de ces côtés, et menées dans le même sens qu'eux ; concevons de plus, par le même point, une autre droite indéfinie, menée suivant une direction quelconque : il suit de ce qui a été dit (201), que dans ce système de lignes la

somme des produits de toutes celles qui le composent, sauf la dernière, multipliées chacune par le cosinus de l'angle qu'elles forment avec cette dernière, est égale à zéro.

208. Soit (*fig.* 23) F le foyer en question $\overline{\text{FA}}$, $\overline{\text{FB}}$, $\overline{\text{FC}}$, etc. les droites ou rayons parallèles et égaux aux côtés du polygone proposé, chacun à chacun, et dans le même sens. Formons un nouveau polygone ABCDGF, en joignant les extrémités de ces rayons. Enfin, par le point ou foyer F, qui réunit toutes les autres extrémités, menons à volonté une droite $\overline{\text{LFK}}$, et concevons un plan MFN, qui lui soit perpendiculaire.

Suivant ce qui vient d'être dit, la somme des rayons du polygone ABCDGH, multipliés chacun par le cosinus de l'angle qu'il forme avec $\overline{\text{LK}}$, est égale à zéro.

Or, chacun de ces rayons multiplié par *la valeur absolue* du cosinus de l'angle qu'il forme avec $\overline{\text{LK}}$, est évidemment égal à la perpendiculaire abaissée de son extrémité sur le plan MN. Mais il est facile de voir que la *valeur de corrélation* de ces cosinus étant supposée positive pour les points A, B, C, qui se trouvent d'un quelconque des côtés du plan MN, sera négative pour les points H, C, D, qui se trouvent de l'autre côté. Donc la somme des perpendiculaires abaissées des extrémités des rayons ou des angles du polygone ABCDFGH sur le plan MN, est égale à zéro, en prenant positivement

celles qui tombent sur un des côtés du plan , et négativement celles qui tombent sur l'autre.

209. Concevons maintenant un autre plan quel-
conque $h\mathrm{K}c$, parallèle à MN, je dis que la droite
$\overline{\mathrm{FK}}$ sera égale à la somme des perpendiculaires menées de tous les angles du polygone $\mathrm{ABCDFGH}$
sur ce nouveau plan, divisée par leur nombre ou
par le nombre des angles. En effet , chacune d'elles
est évidemment égale à $\overline{\mathrm{FK}}$, plus ou moins la perpendiculaire menée du même angle sur le plan MN,
suivant que ce point est au-dessous ou au-dessus de
ce dernier plan, par rapport à l'autre $h\mathrm{K}c$. Donc
la somme de toutes les perpendiculaires menées sur
$h\mathrm{K}c$, est égale à autant de fois $\overline{\mathrm{FK}}$ qu'il y a d'angles ; plus une somme que nous venons de prouver
être égale à zéro. Donc $\overline{\mathrm{FK}}$ est réellement , comme
on vient de le dire , égale à cette somme des perpendiculaires menées de tous les angles sur $h\mathrm{K}c$,
divisée par le nombre des angles. $\overline{\mathrm{FK}}$ est donc la
distance moyenne de tous ces angles au plan $h\mathrm{K}c$:
et comme nous avons pris $\overline{\mathrm{LK}}$ à volonté, il suit que
la distance du foyer F à un plan quelconque est la
distance moyenne entre celles de tous les points du
polygone au même plan. Appelons donc ce foyer *centre des moyennes distances*; chacune des droites qui,
comme $\overline{\mathrm{LFK}}$, passe par ce point, *ligne* ou *axe des
moyennes distances* ; et chacun des plans qui,
comme $\overline{\mathrm{MN}}$, passe par ce même point, *plan des
moyennes distances.*

210. Nous pouvons donc conclure que,

Dans tout polygone, plan ou gauche, il y a un centre des moyennes distances, dont la propriété est que la distance de ce point à un plan quelconque est égale à la somme des distances de tous les angles du polygone à ce plan (en prenant en sens inverse celles qui se trouvent du côté où la somme est la plus petite), divisée par le nombre de ces angles.

211. D'où il suit que si ce plan passe par le centre même des moyennes distances, la somme des distances de ce plan aux angles qui se trouvent d'un même côté, est égale à la somme des distances de ce même plan aux angles qui se trouvent de l'autre.

212. Comme les distances d'un point à trois plans donnés suffisent pour déterminer la position de ce point dans l'espace, il est clair que dans chaque polygone il ne peut y avoir qu'un seul centre des moyennes distances.

213. *Dans tout polygone, plan ou gauche, la somme des quarrés des distances de tous les angles à un point quelconque pris dans l'espace, est égale à la somme des quarrés des distances de ces mêmes angles au centre des moyennes distances ; plus le quarré de la distance du premier point pris dans l'espace à ce centre des moyennes distances , multiplié par le nombre des angles du polygone.*

Soit en effet A B C D (*fig.* 4) un polygone quelconque, F le centre des moyennes distances, K un

autre point quelconque pris dans l'espace; et soient
menées de chacun des angles A, B, C, D, deux
droites, l'une au point F, l'autre au point K. Cela
posé, dans le triangle AFK, nous aurons (204)

$$\overline{AK}^2 = \overline{AF}^2 + \overline{FK}^2 - 2\overline{AF}.\overline{FK}.\cos AFK$$
$$\overline{BK}^2 = \overline{BF}^2 + \overline{FK}^2 - 2\overline{BF}.\overline{FK}.\cos BFK,$$

etc. etc.

Ajoutant ensemble toutes ces équations, et nommant n le nombre des angles du polygone, nous
aurons

$$\overline{AK}^2 + \overline{BK}^2 + \overline{CK}^2 + \text{etc.}$$
$$= \overline{AF}^2 + \overline{BF}^2 + \overline{CF}^2 + \text{etc.} + n.\overline{FK}^2$$
$$- 2\overline{FK}(\overline{AF}.\cos AFK + \overline{BF}.\cos BFK + \text{etc.}).$$

Mais (195) la valeur qui multiplie $2\overline{FK}$ dans le
dernier terme du second membre, est égale à zéro:
donc l'équation se réduit à

$$\overline{AK}^2 + \overline{BK}^2 + \overline{CK}^2 + \text{etc.}$$
$$= \overline{AF}^2 + \overline{BF}^2 + \overline{CF}^2 + \text{etc.} + n\overline{FK}^2,$$

ce qu'il falloit prouver.

214. Soit, dans l'espace, un systême quelconque
de points. On pourra toujours les concevoir réunis
par une suite de lignes droites formant le périmètre
d'un polygone, dont ces points, par conséquent,
peuvent être considérés comme les sommets des angles. On pourra donc appliquer à ce systême la proposition précédente. Donc,

Si ayant dans l'espace un systême quelconque
de points, on imagine une surface sphérique d'un

diamètre quelconque dont le centre soit celui des moyennes distances de tous les points , la somme des quarrés des distances de ces mémes points à un autre point quelconque pris sur la surface de la sphère, sera égale à la somme des quarrés des distances de ces mémes points pris dans l'espace, au centre de la sphère , ou des moyennes distances ; plus au quarré du rayon de cette sphère, multiplié par le nombre de ces mêmes points pris dans l'espace. Ainsi cette somme sera la même pour tous les points de la surface sphérique.

215. Si tous les points pris dans l'espace se trouvent dans un même plan , on pourra appliquer à une circonférence quelconque tracée dans ce plan , et ayant pour centre celui des moyennes distances de tous ces points, ce que nous venons de dire en général de la surface sphérique.

216. Supposons que ces points forment les sommets des angles d'un polygone régulier quelconque , on en pourra conclure que

La somme des quarrés des distances de tous les angles d'un polygone régulier à l'un quelconque des points d'une circonférence dont le centre est le même que celui du polygone et le rayon à volonté , est égale à la somme faite du quarré du rayon du polygone et du quarré du rayon de la circonférence , multipliée par le nombre des côtés du polygone.

217. En rapportant tous les points du système à

l'un quelconque d'entre eux, on voit que la somme des quarrés des distances de ce point à tous les au-tres est égale à la somme des quarrés des distances de tous ces autres points au centre des moyennes distances de tous les points, y compris celui auquel on rapporte les autres ; plus le quarré de la distance de ce dernier à ce centre des moyennes distances, multiplié par le nombre des points du systême pro-posé.

Si l'on fait la même chose successivement pour tous les points du systême, et qu'on ajoute toutes les équations qui en résultent, on conclura que,

Si l'on a dans l'espace un nombre quelconque de points, et qu'on les joigne tous deux à deux par des droites, la somme des quarrés de toutes ces droites sera égale à la somme des quarrés des distances de tous les points du systéme proposé au centre de leurs moyennes distances, multipliée par le nombre de ces points.

Ou ce qui revient au même, *la somme des quar-rés des distances de tant de points qu'on voudra, pris dans l'espace au centre de leurs moyennes distances, est elle-même une quantité moyenne entre les quarrés des distances de tous ces points entre eux, en les considérant deux à deux.*

218. Il est facile de reconnoître, dans tout ce que nous venons de dire, les propriétés de ce qu'on nomme en mécanique, *centre de gravité ;* et en effet, ce que nous avons appelé *centre des moyennes distances* de plusieurs points, n'est autre chose

que leur centre de gravité. C'est donc à la géométrie qu'appartient la notion de ce point, et ses propriétés mécaniques devroient être simplement dé-
duites de celles qu'il est possible d'établir par la
seule géométrie.

On sait d'ailleurs, depuis long-temps, par plusieurs propositions importantes, et particulièrement
par le théorême du père *Guldin*, pour la quadra-
ture des surfaces et la cubature des corps solides,
l'avantage que peut tirer la géométrie elle-même
de la considération des centres de gravité ; mais
cette marche n'est point naturelle. C'est donc une
véritable lacune dans les traités de géométrie, que
l'omission de ses propriétés fondamentales, et je
pense que ce seroit faire une chose utile que de
rétablir, à cet égard, l'enchaînement naturel des
idées, en développant dans la géométrie même les
propriétés du *centre des moyennes distances*, qui
ne devient réellement *centre de gravité* qu'en mécanique.

219. *Si d'un point ou foyer quelconque pris
dans l'espace , on mène des droites ou rayons
égaux et parallèles chacune à chacun des côtés
d'un polygone plan ou gauche , et menées dans le
même sens , et que d'un autre point quelconque
pris dans l'espace , on abaisse une perpendiculaire sur chacun de ces rayons , la somme des
produits de chacun de ces rayons , par le segment
de ce même rayon compris entre le foyer et le point
où tombe la perpendiculaire abaissée sur lui, est*

égale à zéro, en prenant en sens inverse ceux de ces segmens qui tombent, non sur les rayons même auxquels ils appartiennent, mais sur leurs prolongemens dans le sens opposé.

Soient en effet (*fig.* 25) F le foyer en question, $\overline{FA}$, $\overline{FB}$, $\overline{FC}$, etc. les rayons partans de ce foyer, qui sont parallèles et égaux aux côtés d'un polygone donné et dans le même sens qu'eux. Soit K le point d'où sont abaissées des perpendiculaires $\overline{Ka}$, $\overline{Kb}$, $\overline{Kc}$, etc. sur ces différens rayons. Abaissons aussi des points A, B, C, etc. des perpendiculaires $\overline{AA'}$, $\overline{BB'}$, $\overline{CC'}$, etc. sur FK, les triangles semblables AFA', KFa, donnent

$$\overline{FA} : \overline{FK} :: \overline{FA'} : \overline{Fa};$$

donc $\qquad \overline{FA} . \overline{Fa} = \overline{FK} . \overline{FA'}.$

Par la même raison on a

$$\overline{FB} . \overline{Fb} = \overline{FK} . \overline{FB'},$$

etc. etc.

Ajoutant ensemble toutes ces équations, on a

$$\overline{FA}.\overline{Fa} + \overline{FB}.\overline{Fb} + \text{etc.} = \overline{FK}\,(\overline{FA'} + \overline{FB'} + \text{etc.})$$

Mais il est clair que le triangle rectangle FAA' donne

$$\overline{FA'} = \overline{FA} . \cos\overline{AFK}, \quad \overline{FB'} = \overline{FB} . \cos\overline{BFK}, \text{ etc.}$$

Donc (195)

$$\overline{FA'} + \overline{FB'} + \overline{FC'} + \text{etc.} = 0,$$

en prenant négativement celles de ces valeurs auxquelles répondent des cosinus négatifs ou des angles obtus.

obtus. Donc le second membre de notre équation s'évanouit. Donc nous avons

$$\overline{FA}.\overline{FA} + \overline{FB}.F b + \text{etc.} = 0.$$

en prenant en sens inverse ceux des segmens $\overline{F a}$, $\overline{F b}$, qui répondent aux angles obtus dont nous venons de parler, ou qui tombent, non sur les rayons même auxquels ils appartiennent; mais sur leurs prolongemens dans le sens contraire. Ce qu'il falloit démontrer (1).

---

(1) Cette proposition est encore très-analogue à la théorie des vîtesses virtuelles en mécanique; et cela vient de ce que plusieurs forces qui se font équilibre en tirant un mobile en différens sens, peuvent toujours être représentées par les côtés d'un polygone plan ou gauche; c'est-à-dire, qu'on peut toujours imaginer un polygone dont les côtés soient tels, que les forces qui sont supposées se faire équilibre, soient parallèles et égales à chacun de ces côtés, et dirigés dans le même sens. De sorte que $\overline{FA}$, $\overline{FB}$, $\overline{FC}$, $\overline{FD}$, etc. peuvent représenter des forces qui se font équilibre autour du point F, comme il est aisé de s'en assurer par le parallélogramme des forces. Cela étant, si l'on conçoit que F se meuve, et que sa vîtesse soit représentée par $\overline{FK}$, tant pour sa grandeur que pour sa direction, les droites $\overline{F a}$, $\overline{F b}$, $\overline{F c}$, etc. exprimeront cette même vîtesse estimée dans le sens des différentes forces $\overline{FA}$, $\overline{FB}$, etc. qui lui sont appliquées. Donc l'équation trouvée apprend que la somme des produits de chacune des forces en équilibre autour d'un mobile F, multipliée par la vîtesse de ce mobile estimée dans le sens de cette force, est égale à zéro; ce qui est, en effet, le principe général de l'équilibre.

Si les droites $\overline{FA}$, $\overline{FB}$, etc. étoient dans un même plan, ou représentoient les projections, sur un même plan, d'un système de forces en équilibre autour d'un mobile F, on

220. *Si dans le plan d'un polygone quelconque on mène une transversale qui coupe tous ses côtés prolongés, s'il le faut, il en résultera sur chacun des côtés deux segmens; et par conséquent il y aura en tout un nombre de segmens double du nombre des côtés du polygone. Cela posé, le produit formé par la moitié de tous ces segmens, comme facteurs, est égal au produit formé par l'autre moitié, en prenant tous ces segmens de manière que dans chacun des deux produits, il n'entre jamais deux de ces segmens qui aient pour extrémités un même angle du polygone ou un même point de la transversale.*

---

trouveroit, en comparant les autres côtés des triangles considérés ci-dessus

$$\overline{FA}.\overline{Ka} + \overline{FB}.\overline{Kb} + \overline{FC}.\overline{Kc} + \text{etc.} = 0,$$

en prenant en sens direct celles de ces quantités ou forces, $\overline{FA}, \overline{FB}, \overline{FC}$, etc. qui tendent à faire tourner dans un sens autour du point F ou de l'axe qu'il représente, et en sens inverse celles qui tendent à faire tourner en sens contraire; ce qui est le principe de la théorie des momens.

Je termine cette note en observant que si un corps partant d'un point donné, se meut uniformément pendant le temps t, sur une direction donnée, avec une vîtesse v; puis pendant le même temps t, avec la vîtesse v', sur une autre direction, en partant du point où il étoit arrivé, ainsi de suite, il arrivera, après tous ces mouvemens partiels, au même point où il seroit arrivé s'il s'étoit mu pendant le même temps t avec la vîtesse résultante de toutes ces vîtesses particulières; c'est-à-dire, que cette résultante est le dernier des côtés du polygone formé par ces autres vîtesses.

J'ai déjà démontré (184) cette propriété pour le triangle ; il faut maintenant faire voir qu'elle s'étend à tous les polygones.

Soit $ABCGH$ le polygone proposé (*fig.* 26), nf la transversale ; supposons que d, k, m, l, f, soient les côtéss où cette transversale est rencontrée par les points $\overline{AB}, \overline{BC}, \overline{CG}, \overline{GH}, \overline{HA}$ respectivement, il faudra donc prouver qu'on a

$$Ad.Bk.Cm.Gl.Hf = Af.Bd.Ck.Gm.Hl,$$

ou
$$\frac{Ad.Bk.Cm.Gl.Hf}{Af.Bd.Ck.Gm.Hl} = 1.$$

Menons la diagonale $\overline{HB}$, et prolongeons-la jusqu'à sa rencontre n de la transversale. Cette transversale coupant les trois côtés du triangle ABH aux points d, n, f, on aura (184)

$$Ad.Bn.Hf = Bd.Hn.Af;$$

ou
$$\frac{Ad.Hf}{Af} = \frac{Bd.Hn}{Bn};$$

substituant dans l'équation à démontrer ci-dessus pour $\dfrac{Ad.Hf}{Af}$, sa valeur, qu'on vient de trouver, cette équation se réduira à

$$\frac{Bk.Cm.Gl.Hn}{Bn.Ck.Gm.Hl} = 1,$$

qu'il s'agit maintenant de démontrer. Or, le numérateur et le dénominateur de la fraction qui forme le premier membre, lesquels avoient chacun cinq facteurs, se trouvent déjà réduits l'un et l'autre à quatre, et la figure se trouve également réduite à un côté de moins, puisqu'elle est maintenant BCGH, le point A étant éliminé. Il est donc clair que par un raisonnement pareil, on abaissera encore le nombre des côtés du polygone d'une unité, et les termes de la fraction d'un facteur chacun, ainsi de suite; c'est-à-dire, qu'on ramènera enfin la figure à un triangle, et les termes de la fraction à trois facteurs chacun, qui exprimeront la propriété de ce triangle, démontrée (184).

221. Si l'on imagine maintenant que ABCGH devient gauche, et que *nf* représente un plan qui le traverse, on verra que la même démonstration est applicable. Donc,

Si un polygone quelconque, plan ou gauche, est coupé par un plan transversal qui forme sur chacun de ces côtés deux segmens, le produit de la moitié de tous ces segmens, comme facteurs, sera égal au produit de tous les autres, en les prenant de manière que dans chacun de ces deux produits il n'entre jamais deux facteurs qui aient pour extrémités un même angle du polygone ou un même point du plan transversal.

222. *Si d'un point quelconque* (fig. 27) *on mène des droites ou rayons à tous les angles d'un polygone proposé, chacun des angles de ce polygone se trouvera coupé par le rayon correspondant en deux autres angles; de sorte que le nombre de ces nouveaux angles sera double du nombre des an-*

gles du polygone. Cela posé, le produit des sinus de la moitié de ces angles, comme facteurs, est égal au produit des sinus de tous les autres, en les prenant de manière qu'il n'en entre jamais dans le même produit deux qui aient le même sommet.

Soit A B C D E F le polygone proposé, G le point ou foyer d'où partent tous les rayons. Il faut donc démontrer qu'on aura

$$\sin ABG . \sin BCG . \sin CDG . \sin DEG . \sin EFG . \sin FAG$$
$$= \sin CBG . \sin DCG . \sin EDG . \sin FEG . \sin AFG . \sin BAG.$$

Or, le triangle A B G donne

$$\overline{AG} : \overline{BG} :: \sin ABG : \sin BAG.$$

Le triangle BCG donne

$$\overline{BG} : \overline{CG} :: \sin BCG : \sin CBG.$$

Le triangle CDG donne

$$\overline{CG} : \overline{DG} :: \sin CDG : \sin DCG,$$

etc. etc.

Multipliant ensemble toutes ces proportions, les deux premiers termes se trouvent identiques ; donc les deux autres sont égaux, ce qu'il falloit prouver. La même démonstration est évidemment applicable au cas où le polygone est gauche.

223. La projection de tout polygone fermé sur un plan quelconque étant elle-même un polygone fermé, tout ce que nous avons démontré pour un polygone quelconque est applicable à chacune de ses projections. Ainsi, par exemple, si l'on rapporte le système à trois plans perpendiculaires entre

eux, on pourra appliquer à chacun des polygones qui forment les trois projections du polygone proposé, ce que nous avons dit de ce polygone lui-même. Je ne m'étendrai pas sur cet objet ; j'observerai seulement comme propositions analogues à celles que j'ai démontrées, et utiles pour rapporter en effet les polygones à trois plans ou axes perpendiculaires entre eux,

1°. Que le quarré d'une droite quelconque est égale à la somme des quarrés de ses trois projections sur les axes.

2°. Que le quarré de cette même droite est la moitié seulement de la somme des quarrés de ses trois projections sur les plans.

3°. Que le produit de deux droites quelconques par le cosinus de l'angle qu'elles forment, est égal à la somme des trois produits formés en multipliant les deux projections de ces droites sur chacun des axes.

4°. Que le cosinus d'un angle formé dans l'espace par deux droites quelconques, est égal à la somme des trois produits qu'on obtient en multipliant les deux cosinus formés par chacun des axes avec chacun des côtés de l'angle proposé.

5°. Que si trois plans quelconques, perpendiculaires entre eux, sont coupés par un même quatrième plan, la somme des quarrés des cosinus des angles formés par ce quatrième plan, et chacun des trois autres, sera égale au quarré du sinus total, et la somme des quarrés des sinus sera double du même quarré du sinus total.

6°. Que si deux droites quelconques sont données dans l'espace de grandeur et de position, la première sera à la seconde comme la projection de la première sur la seconde est à la projection de la seconde sur la première.

PROBLÊME VI.

224. *Trouver les rapports qui existent entre les faces d'un polyèdre et les angles que ces faces forment entre elles.*

Solution. La propriété qui sert de base à la théorie des polygones est également applicable aux polyèdres ; c'est-à-dire, que dans tout polyèdre, chacune des faces est égale à la somme de toutes les autres, multipliées chacune par le cosinus de l'angle qu'elle forme avec la première.

On sait que la projection d'une surface plane sur une base avec laquelle elle forme un angle quelconque, est égale à cette surface multipliée par le cosinus de l'angle d'inclinaison. Si donc, dans un polyèdre quelconque, on prend l'une des faces pour base ; que de tous les angles de ce polyèdre on mène sur cette base des perpendiculaires, et que ces perpendiculaires tombent toutes sur l'aire de cette même base, il est clair qu'elle sera égale à la somme des projections de toutes les autres faces. Donc chacune de ces projections étant égale à la face correspondante multipliée par le cosinus d'inclinaison la face prise pour base sera égale à la somme de toutes les autres, multipliées chacune par le cosinus de l'angle qu'elle forme avec cette base.

225. Concevons maintenant que ce système primitif change par degrés insensibles, de manière que parmi les perpendiculaires abaissées des angles sur la face prise pour base, il s'en trouve qui tombent en dehors de l'aire. Comme le changement peut s'opérer sans qu'aucune de ces faces ni des angles passe par o ou par ∞, il est clair que le principe est général. Dans ce cas, les cosinus des angles obtus ont seulement des valeurs de corrélation négatives; mais il n'y a pour cela, comme nous l'avons déjà observé pour les polygones, aucun changement à faire dans l'énoncé de la proposition. Nous pouvons donc établir ce principe général :

Dans tout polyèdre, chacune des faces est égale à la somme de toutes les autres, multipliées chacune par le cosinus de l'angle qu'elle forme avec la première.

226. Pour ne pas se tromper dans l'application de cette proposition, en prenant les supplémens des angles au lieu des angles même, on doit se rappeler ce que nous avons dit à ce sujet, en parlant des polygones; c'est-à-dire, que les angles dont il s'agit sont toujours ceux qui sont formés par les côtés intérieurs des faces du polyèdre.

227. On peut évidemment regarder chacun des

sommets des angles solides du polyèdre, comme
une face infiniment petite ; et de plus lui attribuer
une direction quelconque. Donc la proposition énoncée fait voir que pour ce cas, la somme des produits
de toutes les faces du polyèdre, multipliées chacune par le cosinus de l'angle qu'elle forme avec
cette face infiniment petite, est égale à zéro ; et
comme les angles formés par un plan quelconque
avec deux autres plans parallèles sont visiblement
égaux entre eux, nous pouvons établir ce principe
général :

*La somme des faces d'un polyèdre quelconque,
multipliées chacune par les cosinus de l'angle
qu'elle forme avec une surface plane quelconque
donnée dans l'espace, est égale à zéro.*

228. Soient a, b, c, d, etc. les faces d'un polyèdre ; c'est-à-dire, les surfaces des polygones qui forment ces faces : représentons par $\widehat{ab}$, $\widehat{ac}$, $\widehat{bc}$, etc.
les angles formés par ces faces prises deux à deux ;
on aura donc, par le principe établi (225),

$$a = b \cdot \cos \widehat{ab} + c \cdot \cos \widehat{ac} + \text{etc.}$$
$$b = a \cdot \cos \widehat{ab} + c \cdot \cos \widehat{bc} + \text{etc.}$$
$$\text{etc. etc.}$$

Multipliant la première de ces équations par a, la
seconde par b, la troisième par c, etc. puis ajoutant
ensemble toutes ces équations, on aura

$$a^2 + b^2 + c^2 + \text{etc.} = 2ab \cdot \cos \widehat{ab} + 2ac \cdot \cos \widehat{ac} + \text{etc.}$$

c'est-à-dire, qu'en général,

Dans tout polyèdre, la somme des quarrés des faces qui le terminent est égale au double de la somme des produits de toutes ces faces multipliées deux à deux, et par le cosinus de l'angle qu'elles comprennent.

229. Si, au lieu d'ajouter toutes les équations trouvées ci-dessus, on retranche l'une d'entre elles, la première, par exemple, de la somme de toutes les autres, on en conclura que *le quarré de l'une quelconque des faces qui terminent un polyèdre est égal à la somme des quarrés de toutes les autres faces, moins le double de la somme des produits de toutes ces autres faces multipliées deux à deux, et par le cosinus de l'angle qu'elles comprennent.*

230. Supposons, par exemple, que le polyèdre se réduise à une pyramide triangulaire, et que les trois faces qui partent du sommet soient perpendiculaires entre elles, les cosinus des angles que formeront ces trois faces entre elles seront tous zéro. Donc le quarré de la base de cette pyramide sera égal à la somme des quarrés des trois autres faces; c'est-à-dire que,

Dans toute pyramide triangulaire dont trois faces sont perpendiculaires entre elles, le quarré de la quatrième face est égal à la somme des quarrés des trois premières.

231. Imaginons dans l'espace trois autres plans parallèles aux trois faces qui partent du sommet de

la pyramide proposée, chacune à chacune. Ces trois plans seront par conséquent aussi perpendiculaires entre eux, et les trois projections de la base sur ces nouveaux plans, seront évidemment égales, respectivement aux trois autres faces, chacune à celle de ces faces, qui lui est parallèle. Donc, puisque le quarré de cette base est égal à la somme des quarrés des trois autres, il sera aussi égal à la somme des quarrés de ses trois projections.

De plus, il est évident que des surfaces égales tracées dans un même plan, ont des projections aussi égales en surface sur tout autre plan donné. Donc, si l'on substitue à la place de la base de la pyramide en question, un polygone de forme quelconque qui lui soit égal en surface, les projections de ce polygone seront respectivement égales aux projections correspondantes du triangle, qui est la base de la pyramide. Donc ce triangle pouvant être de grandeur quelconque, on peut en conclure ce principe connu :

Le quarré de l'aire d'un polygone quelconque est égal à la somme des quarrés de ses trois projections sur trois plans perpendiculaires entre eux.

232. Il est à remarquer que dans la pyramide triangulaire que nous avons considérée, chacune des trois faces qui sont supposées perpendiculaires entre elles, est la projection même de la base sur le plan qui contient cette face, et que de plus cette base est à son tour la somme des trois triangles qui forment sur elle les projections des trois autres faces

de la pyramide; c'est-à-dire, que cette base est la somme des trois projections de projection : et comme d'après ce qui vient d'être dit, le même raisonnement est applicable à tout autre polygone, on peut en conclure, qu'en général,

La surface d'un polygone quelconque est égale à la somme des trois projections de projection, formées en projetant d'abord le polygone proposé sur trois plans perpendiculaires entre eux, et projetant ensuite de nouveau chacune de ces projections sur le plan du polygone proposé.

233. Au lieu du quarré de l'aire d'un polygone, on peut prendre le produit des surfaces de deux polygones égaux chacun à ce premier polygone; et si l'on suppose qu'ensuite l'un de ces deux polygones devienne double, triple, quadruple, etc. l'autre demeurant le même, le produit de ces deux polygones deviendra également double, triple, quadruple. De même, chacune des projections du polygone supposé variable, deviendra aussi double, triple, quadruple; et par conséquent le produit des projections des deux polygones sur chaque plan, deviendra aussi double, triple, quadruple, etc. c'est-à-dire, qu'en général,

Le produit des surfaces de deux polygones tracés dans un même plan est égal à la somme des trois produits formés, en multipliant les projections de deux polygones faites sur chacun de trois plans quelconques perpendiculaires entre eux.

254. Si, au lieu d'ajouter ensemble toutes les

équations trouvées (228), on en ajoute seulement un certain nombre quelconque d'une part, et toutes les autres d'une autre part, et qu'ensuite on retranche cette dernière somme de la première, on trouvera que,

Dans tout polyèdre la somme des quarrés d'un nombre quelconque des faces qui le terminent, moins deux fois la somme des produits de toutes ces faces multipliées deux à deux, et par le cosinus de l'angle qu'elles comprennent, est égale à la somme des quarrés de toutes les autres faces, moins deux fois le produit de ces autres faces, multipliées aussi deux à deux, et par le cosinus de l'angle qu'elles comprennent.

235. Concevons que d'un point quelconque m pris dans l'intérieur d'un polyèdre, on mène une droite à chacun des angles solides; le polyèdre se trouvera partagé en autant de pyramides qu'il y a de faces, toutes ayant leur sommet au même point m ; et la solidité de ce polyèdre sera égale au tiers de la somme de ces faces, multipliées chacune par la hauteur de la pyramide correspondante; c'est-à-dire, par la perpendiculaire abaissée du point m sur cette face. Si l'on fait la même chose d'un autre point m' pris aussi dans l'intérieur du polyèdre, on obtiendra une somme semblable, qui sera pareillement égale au solide du polyèdre. Donc, si l'on retranche ces deux sommes l'une de l'autre, la différence sera zéro. Donc le triple de cette différence sera aussi zéro. Donc, *si dans l'intérieur d'un po-*

lyèdre on prend deux points quelconques (m, m′)*, la somme des produits de chacune des faces du polyèdre par la perpendiculaire abaissée sur elle du premier de ces points* (m)*, moins la somme des produits de chacune de ces mêmes faces par la perpendiculaire abaissée sur elle du second point* (m′)*, sera zéro.*

236. Si l'on conçoit maintenant que ce systême primitif change en vertu d'un mouvement quelconque des points m, m', il est évident que ces perpendiculaires resteront directes à l'égard du systême primitif, tant que ces points ne sortiront pas de l'intérieur du polyèdre; mais s'ils en sortent, les perpendiculaires qui viendront à tomber sur le revers des faces ou sur leurs côtés extérieurs, auront passé par o et seront devenues inverses. Donc la proposition précédente aura encore lieu en prenant négativement les valeurs des perpendiculaires qui tombent sur le revers des faces. Ainsi cette proposition peut être regardée comme générale, quelle que soit la position des points au-dedans ou au-dehors du polygone.

237. Imaginons maintenant qu'une des faces se meut parallèlement à elle-même, tant que les deux points m, m' seront du même côté de cette face; le produit de cette même face par chacune des perpendiculaires abaissées de ces points sur elle, augmentera ou diminuera de la même quantité, soit que cette face s'éloigne ou qu'elle se rapproche de

ces points. Donc la différence des produits ci-dessus
restera encore la même. Si les points m, m', sont au
contraire de différens côtés à l'égard de cette face,
le produit de cette même face par la perpendiculaire abaissée sur elle du point m, augmentera évidemment autant que le produit de cette même face
par la perpendiculaire abaissée sur elle du point m'
diminuera; ou réciproquement le premier produit
diminuera autant que l'autre augmentera. Mais
comme l'un de ces produits a lieu en sens inverse,
puisqu'il répond à la perpendiculaire qui tombe sur
le revers de la face, il suit que sa valeur doit être
prise négativement, ainsi que les augmentations ou
diminutions qu'il éprouve; tandis que l'autre produit, ainsi que ses augmentations et diminutions,
devront être pris positivement. Donc la différence
de ces produits restera encore la même, puisque si
l'un augmente positivement d'une certaine quantité, l'autre diminuera de la même quantité, mais
négativement, c'est-à-dire que ces produits, ou plutôt leurs valeurs de corrélation, augmentent ou di-
minuent toujours de la même quantité. Donc la
proposition continuera d'avoir lieu, quel que soit le
mouvement de cette face; et comme on peut dire la
même chose de toutes les autres faces, la même proposition aura lieu, quel que soit le mouvement de
chacune des faces du polyèdre parallèlement à elle-
même, et celui des points m, m', soit au-dedans,
soit au-dehors du polyèdre. Cela posé, concevons
que toutes ces faces se meuvent ainsi parallèlement

à elles-mêmes, jusqu'à ce qu'elles viennent toutes se croiser en un point donné K. Nous pourrons conclure que si, par un point donné K, l'on fait passer autant de polygones qu'il y a de faces dans un polyèdre proposé, lesquels soient égaux et parallèles chacun à chacune de ces faces, et tourné dans le même sens qu'elle, et qu'on prenne à volonté, dans l'espace, deux autres points quelconques m, m'; la somme des produits de chacune de ces faces par la perpendiculaire abaissée sur elle du point m, en prenant négativement celles de ces perpendiculaires qui tombent sur le revers des faces, moins la somme des produits de même nature relatifs au point m', sera égale à zéro.

238. Supposons maintenant que le point m' aille coïncider avec le point K, par où passent tous les polygones. Les perpendiculaires abaissées de ce point sur les polygones qui s'y croisent, seront égales chacune à zéro. Donc la somme des produits relatifs à ce point m' sera égale à 0; donc la somme des produits relatifs au point m, qui lui est égale, sera aussi égale à zéro; donc en général,

Si par un point quelconque pris dans l'espace, on fait passer plusieurs polygones égaux et parallèles chacun à chacune des faces d'un polyèdre quelconque, et tourné vers le même côté qu'elle, la somme des produits de la surface de chacun de ces polygones par la perpendiculaire abaissée sur lui d'un point quelconque pris dans l'espace, en prenant négativement celles de ces perpendiculaires

laires

laires qui tombent sur le revers de ces polygones, sera égale à zéro.

Des corrélations complexes et des imaginaires.

239. Il est possible que deux systêmes de quantités ne soient entre eux ni directement, ni indirectement corrélatifs, et que cependant leurs quarrés, par exemple, ou d'autres fonctions quelconques de ces quantités, se trouvent en corrélation. C'est ce que j'appelle *corrélation complexe.*

Supposons, par exemple, qu'un systême soit composé des quantités a, x, y; un autre des quantités a, x', y'; et qu'on ait les deux équations.......... $aa - xx - yy = 0$ et $aa - x'x' + y'y' = 0$, les deux systêmes a, x, y, et a, x', y', ne sont entre eux ni directement, ni indirectement corrélatifs; car on auroit beau changer les signes de ces quantités, les équations précédentes ne pourroient jamais être ramenées à la même forme, puisque $+ y$ et $- y$, par exemple, donnent toujours le même quarré $+ y^2$. Mais quoiqu'il n'y ait ni corrélation directe, ni corrélation indirecte entre les quantités mêmes qui composent les deux systêmes considérés; il y a corrélation indirecte entre les quarrés de ces mêmes quantités; c'est-à-dire, que, si au lieu des deux systêmes en question, nous en considérons deux autres; le premier, composé des quantités aa, xx, yy; le second, des quantités aa, $x'x'$, $y'y'$; ces deux nouveaux systêmes seront entre eux en corrélation in-

directe. Et en effet, pour ramener ces deux équations à la même forme, il suffit de changer le signe
de la dernière $y'y'$. Or, c'est ce que j'exprime en
disant qu'il y a corrélation complexe entre les quantités a, x, y du premier système, et les quantités
a, x', y', du second.

240. Il est évident que lorsqu'il y a corrélation
directe entre deux systêmes de quantités, il y a
aussi nécessairement corrélation directe entre les
fonctions pareilles de ces mêmes quantités. Ainsi,
lorsqu'il n'y a entre deux systêmes de quantités
qu'une corrélation complexe, celle qui existe entre
leurs quarrés ou autres fonctions quelconques, ne
peut être qu'une corrélation indirecte.

241. Pour qu'il y ait corrélation complexe entre
deux systêmes de quantités, il n'est pas nécessaire
que les fonctions de ces quantités entre lesquelles
existe la corrélation indirecte soient toutes de même
nature; par exemple, toutes les quarrés des quantités primitives. Car, par exemple, quoiqu'il n'y
ait aucune corrélation simple entre le systême des
quantités a, x, y, et celui des quantités a, x' y', si
l'on a $a^4 - x^4 - a^2y^2 = 0$ et $a^4 - x'^4 + a^2y'^2 = 0$, il y a
corrélation indirecte entre le systême composé des
quantités a^4, x^4, y^4, et celui des quantités a^4, x'^4, $a^2y'^2$;
et par conséquent il y a corrélation complexe entre
le systême des quantités a, x, y, et celui des quantités a, x', y'.

242. Quoique les deux équations $aa - xx - yy = 0$

et $aa - x'x' + y'y' = 0$ ne puissent être ramenées à la même forme en changeant les signes des quantités x', y', on peut cependant y parvenir, mais c'est en mettant, non pas $-y'$ à la place de y'; mais $y' \sqrt{-1}$ à la place de y' ou $y' \sqrt{+1}$; car alors on a évidemment $-y'y'$ au lieu de $+y'y'$, et les deux équations se trouvent ramenées à la même forme.

On voit par-là que, quoiqu'il n'existe entre deux systêmes ni corrélation directe, ni corrélation indirecte, il est possible, s'il y a corrélation complexe, qu'on parvienne à établir entre les quantités mêmes qui composent ces systêmes une sorte de corrélation particulière, qui consiste, lorsqu'on a établi comme à l'ordinaire la corrélation des valeurs absolues, non à changer les signes de $+$ en $-$, ou les coefficiens de $+1$ en -1, mais ces mêmes coefficiens de $\sqrt{+1}$ en $\sqrt{-1}$; c'est-à-dire, que lorsqu'il y a corrélation indirecte entre les fonctions des quantités, il existe entre ces quantités mêmes une sorte de corrélation que j'ai désignée sous le nom de complexe, et qu'on peut aussi appeler imaginaire. Elle est complexe en tant qu'on la considère dans les fonctions de ces quantités primitives; et imaginaire en tant qu'on la considère dans les quantités elles-mêmes.

243. Nous avons vu que toute équation où il n'entre que des quantités élevées au quarré, appartient également, et sans changement de signes, à tous les systêmes qui sont entre eux, soit directement, soit indirectement corrélatifs. Mais la même

chose n'a pas lieu pour ceux qui n'ont entre eux qu'une corrélation complexe, puisqu'alors , pour rendre les formules du système primitif immédiatement applicables à l'autre, il peut y avoir telle quantité dont le coefficient se change de $\sqrt{+1}$ en $\sqrt{-1}$; ce qui fait que le quarré de l'une devient inverse à l'égard du quarré de l'autre.

244. Si dans les deux systêmes considérés ci-dessus, on cherche la corrélation qui existe entre le système des quantités a, $(x+y)$, $(x-y)$, d'une part, et celui des quantités a, $(x'+y')$, $(x'-y')$, de l'autre, on trouve que cette corrélation est également complexe ; car la seconde équation est $a^2 + (x' + y')(x'-y') = 0$. Mais en changeant les signes de ces quantités $(x'+y')$ et $(x'-y')$, ou de l'une d'entre elles seulement, on ne donne pas pour cela à cette équation la même forme qu'à la première $aa - xx - yy = 0$. Pour les ramener à la même forme, il faut mettre pour $x'+y'$, $x'+y'\sqrt{-1}$, et pour l'autre, $x'-y'\sqrt{-1}$. Ainsi, la corrélation complexe indique encore dans ce cas une corrélation imaginaire entre les nouvelles quantités comparées; ou, si l'on veut, une corrélation en partie complexe et en partie imaginaire.

245. Nous avons vu que lorsqu'en cherchant la solution d'un problême, on trouve pour l'inconnue une valeur négative, c'est une preuve que la question n'a pas été mise exactement en équation , ou plutôt, que la véritable solution se trouve mêlée

avec une autre solution qui se rapporte, non au système examiné, et sur lequel le raisonnement a été établi, mais à un autre système qui est, avec le premier, en corrélation indirecte.

De même, lorsqu'en cherchant la solution d'un problème, on trouve pour l'inconnue une valeur imaginaire, c'est une preuve que la solution se rapporte, non au système examiné, et sur lequel le raisonnement a été établi, mais à un autre qui n'a, avec le premier, qu'une corrélation complexe.

Mais ce nouveau système n'est pas moins existant que celui qui est en simple corrélation indirecte ; il y a seulement des changemens plus sensibles à opérer dans les signes ou coefficiens ; les rapports des quantités corrélatives n'en sont pas moins réels ; ils sont seulement plus éloignés, plus disparates, moins faciles à saisir ; parce que n'est pas sur les valeurs primitives même que les changemens de signes doivent s'opérer, mais sur des fonctions plus ou moins compliquées de ces mêmes valeurs pour rendre les formules de ce système immédiatement applicables au système transformé.

246. Soit, par exemple, un système de trois lignes droites, a, x, y, liées par cette condition, que y soit moyenne proportionnelle entre la somme des deux autres et leur différence.

x pouvant être plus petite que a ou plus grande, je dois choisir entre les deux hypothèses pour établir mon raisonnement. Je suppose donc $x < a$, et j'ai, d'après la condition donnée,

M 3

$$a + x : y :: y : a - x \quad \text{ou} \quad yy = aa - xx.$$

Concevons maintenant que ce systême varie par degrés insensibles, de manière que a devienne moindre que x. La proportion précédente ne peut plus avoir lieu, et il faut qu'elle soit pour ce cas,

$$a + x : y :: y : x - a \quad \text{ou} \quad yy = xx - aa.$$

Or, les deux systêmes que nous venons d'examiner ne sont ni directement, ni indirectement corrélatifs, puisqu'en changeant d'une manière quelconque les signes des quantités primitives, je ne puis ramener les équations à la même forme; et quoiqu'employés à résoudre la même question généralement posée, les deux cas particuliers qu'elle renferme sont assez disparates pour qu'on ne puisse établir entre les deux systêmes qu'une corrélation complexe. Cette corrélation complexe ou imaginaire existe en effet, puisqu'en changeant le signe du quarré yy de $+$ en $-$, c'est-à-dire, son cofficient de $+1$ en -1, ou celui de la quantité simple y de $\sqrt{+1}$ en $\sqrt{-1}$, la dernière de ces équations devient identique avec la première.

247. Ainsi, quoique la valeur $y = \sqrt{aa - xx}$ que donne la première pour y, devienne imaginaire lorsque x devient plus grande que a, il n'en existe pas moins un autre systême auquel cette formule peut devenir immédiatement applicable. Mais ce n'est plus par le simple changement du signe des quantités primitives qu'on peut trouver le nouveau systême; c'est par un changement de signe fait à

des fonctions de ces quantités ; ou, si l'on ne veut opérer que sur les quantités mêmes, ce ne sera plus en changeant les signes de $+$ en $-$, mais les coefficiens de $\sqrt{+1}$ en $\sqrt{-1}$. Ce changement effectué donne

$$yy = xx - aa \quad \text{ou} \quad y = \sqrt{xx - aa};$$

formule immédiatement applicable au systême où $x > a$, lequel est compris comme l'autre dans la question générale proposée.

248. On voit donc que lorsqu'en cherchant la solution d'une question proposée, on trouve diverses racines, les unes positives, d'autres négatives, d'autres imaginaires, on peut conclure que la question qu'on s'est proposée n'est que partielle, qu'elle n'est qu'un cas particulier d'une question plus générale ; que les racines positives donnent la solution de cette question partielle ; que les racines négatives donnent celles d'autres questions partielles qui ne diffèrent des premières que parce que quelques-unes des quantités considérées y deviennent inverses ; et qu'enfin les racines imaginaires donnent celles d'autres questions partielles faisant toujours des cas particuliers de la question générale, mais différant des premières en ce que ce ne sont plus les quantités elles-mêmes considérées qui deviennent inverses, mais telles ou telles fonctions de ces mêmes quantités. Si c'est un avantage d'avoir ainsi, par la solution d'un cas particulier, l'indication de plusieurs autres questions analogues, et de pouvoir géné-

raliser les solutions, c'est aussi un inconvénient
de ne pouvoir séparer lorsqu'on le voudroit les questions partielles les unes des autres. Or, il faudroit,
pour y parvenir, pouvoir décomposer les équations
dans toutes leurs racines, soit réelles, soit imaginaires; ce qu'on ne peut guère espérer.

249. Supposons qu'on trace une courbe dont
l'équation soit $yy = aa - xx$, et une autre dont
l'équation soit $yy = xx - aa$. Ces deux courbes formeront donc deux systêmes qui ne seront ni directement, ni indirectement corrélatifs, mais seulement en corrélation complexe. Ainsi, ces deux
courbes, sans être liées d'une manière aussi intime
que le seroient, par exemple, les deux branches de
la même courbe, ayant pour équation $yy = aa - xx$,
dont l'une ne diffère de l'autre qu'en ce qu'elles sont
placées de différens côtés par rapport à l'axe; ces
deux courbes, dis-je, ne laisseront pas d'avoir beaucoup de propriétés semblables ou analogues. Et en
effet, la première est un cercle ayant a pour demi-
diamètre ou demi-axe; et l'autre, $yy = xx - aa$ est une
hyperbole équilatère, ayant aussi a pour demi axe:
or, on sait l'analogie qui existe entre ces deux courbes. Sans entrer en détail à cet égard, observons
entre elles quelques points de rapprochement.

Ayant donc mené par un point quelconque A
(*fig.* 28) deux droites orthogonales $\overline{BC}$, $\overline{DF}$, chacune égale au diamètre $2\,a$, et prolongé ces droites
indéfiniment, décrivons, en prenant $\overline{BC}$ pour axe,

la circonférence B D C F, et l'hyperbole B mn avec son opposée C $m'n'$.

D'un point quelconque m de l'hyperbole, menons aux deux sommets B , C , les droites B m, C m ; du point g, où cette dernière coupe la circonférence, menons $\overline{Bg}$; des points m, g, menons les ordonnées m S, gr ; enfin, du point B, menons $\overline{BVL}$ perpendiculaire à B C, et qui coupe $\overline{mC}$ au point V.

250. Par la propriété de l'hyperbole, $\overline{Sm}$ est moyenne proportionnelle entre $\overline{SB}$ et $\overline{SC}$; et par celle du cercle, $\overline{gr}$ est moyenne proportionnelle entre $\overline{Br}$ et $\overline{Cr}$. Voilà d'abord une analogie remarquable entre les propriétés de ces deux courbes, car on voit que ce sont précisément les deux systêmes qui donnent la solution du problême général dont il est parlé (246), de trouver une moyenne proportionnelle entre la somme et la différence des deux quantités a et x.

251. La première de ces propriétés donne
$$\overline{SB} : \overline{Sm} :: \overline{Sm} : \overline{SC}.$$
Donc les triangles rectangles B S m , m S C, ont leurs côtés adjacens à l'angle droit proportionnels. Donc ces deux triangles sont semblables ; donc l'angle S m B ou m B V $= m$ C S $=$ B C m.

252. La seconde de ces propriétés donne
$$\overline{Br} : \overline{rg} :: \overline{rg} : \overline{Cr}.$$
Donc les deux triangles rectangles B rg , grC , ont

leurs côtés adjacens à l'angle droit proportionnels ;
donc l'angle $r\,g\,$B ou $g\,$B V $= g\,$C B ; donc les angles
m B V , $g\,$B V , sont l'un et l'autre égaux à B C g ou
B C m ; donc on a

$$m\,\mathrm{B V} = g\,\mathrm{B\ V};$$

autre analogie de propriétés entre les deux courbes,
en ce que les droites $\overline{m\,\mathrm{B}}$, $\overline{g\,\mathrm{B}}$, menées des points
correspondans m, g, font le même angle avec la
tangente au sommet B, et par conséquent aussi avec
l'axe commun $\overline{\mathrm{B\,C}}$ perpendiculaire à cette tangente.

253. Les deux angles m B V, m B S, font ensemble un angle droit : donc m B S est complément
de m B V ou de m C B qui lui est égal, comme on
vient de le voir ; donc dans l'hyperbole équilatère ,
aussi bien que dans le cercle, les deux droites menées d'un point quelconque de la courbe aux extrémités de l'axe, font, avec ce même axe, deux angles
qui sont complémens l'un de l'autre.

Mais dans le cercle, la somme de ces deux angles
$g\,$BC, $g\,$C B, formés aux extrémités de l'axe dans
le triangle m B C, fait le quart de la circonférence ;
au lieu que, dans l'hyperbole, c'est la différence
m B C $-\!\!-$ m C B des deux angles formés aux extrémités de l'axe dans le triangle correspondant mB C,
qui forme le quart de la circonférence.

On peut donc de cette manière regarder l'hyperbole comme un système en simple corrélation indirecte avec le cercle, et dans lequel l'angle B C m
devient inverse, puisque dans le cercle on a

$$B \widehat{C} g = \textit{angle droit} - g \widehat{B} C,$$

et que dans l'hyperbole, au contraire, on a

$$B \widehat{C} m = m \widehat{B} C - \textit{angle droit}.$$

254. D'un nouveau point n pris sur l'hyperbole, menons aux sommets B, C, les droites $\overline{n B}$, $\overline{n C}$; nous aurons, par les même raisons que ci-dessus,

$$n \widehat{B} C - n \widehat{C} B = \textit{angle droit};$$

donc $\quad n \widehat{B} C - n \widehat{C} B = m \widehat{B} C - m \widehat{C} B,$
ou en transposant,

$$n \widehat{B} C - m \widehat{B} C = n \widehat{C} B - m \widehat{C} B;$$
donc

$$n \widehat{B} m = n \widehat{C} m.$$

C'est-à-dire, que dans l'hyperbole équilatère ainsi que dans le cercle, les angles qui, ayant leurs sommets aux deux extrémités de l'axe, sont appuyés sur le même arc de la courbe ($m\,n$) sont égaux entre eux.

Si l'on mène $\overline{g\,h}$ perpendiculaire à $\overline{D\,F}$, et $\overline{m\,p}$ perpendiculaire au même axe, il est clair que les deux trapèzes $g\,h\,B\,A$, $B\,A\,m\,p$, seront semblables. Donc on aura

$$\overline{g\,h} : \overline{B\,A} :: \overline{B\,A} : \overline{m\,p} \quad \text{ou} \quad \overline{r\,A} : \overline{B\,A} :: \overline{B\,A} : \overline{S\,A};$$

c'est-à-dire, que l'axe commun $\overline{B\,A}$ est moyenne proportionnelle entre les deux abscisses correspondantes du cercle et de l'hyperbole.

255. Enfin, la propriété qu'a le cercle, d'avoir tous ses rayons égaux, trouve aussi dans l'hyperbole équilatère une propriété qui, quoique différente, lui correspond. En effet, puisque les trapèzes $gh\,BA$, $BA\,mp$, sont semblables, en tirant dans le premier la diagonale $\overline{A\,g}$, et dans le second la diagonale correspondante $\overline{p\,B}$, on voit que, dans le premier trapèze, la diagonale $\overline{A\,g}$ et le côté $\overline{A\,B}$ étant égaux, la diagonale $\overline{p\,B}$ et le côté $\overline{p\,m}$ doivent aussi être égaux entre eux ; c'est-à-dire, que dans l'hyperbole équilatère, tout point p du second axe est également éloigné du sommet de la courbe et du point de cette courbe qui lui répond perpendiculairement.

256. On voit comment il seroit possible de pousser plus loin ce rapprochement. On peut également établir la corrélation de l'ellipse avec l'hyperbole non équilatère en leur donnant des axes communs, comme on l'a fait pour les courbes qu'on vient de considérer. La théorie des corrélations complexes donne lieu à des recherches très-étendues, puisque c'est par eux que sont visiblement caractérisées les différentes courbes d'un même ordre. Je n'ai eu ici pour objet que de proposer, sur la comparaison des figures en général, quelques vues qui peuvent mériter l'attention des Géomètres.

F I N.

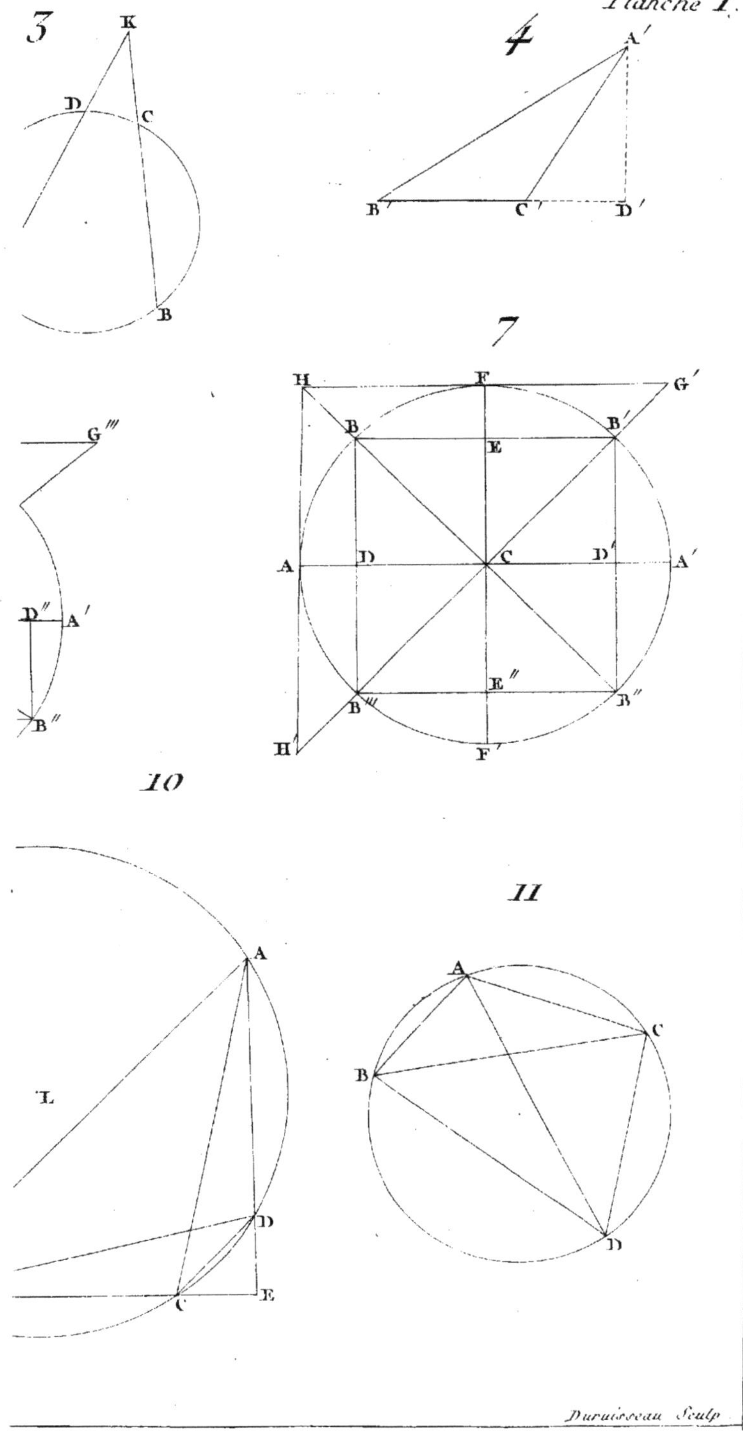

Planche I.
3
4
7
10
11
Duruisseau Sculp

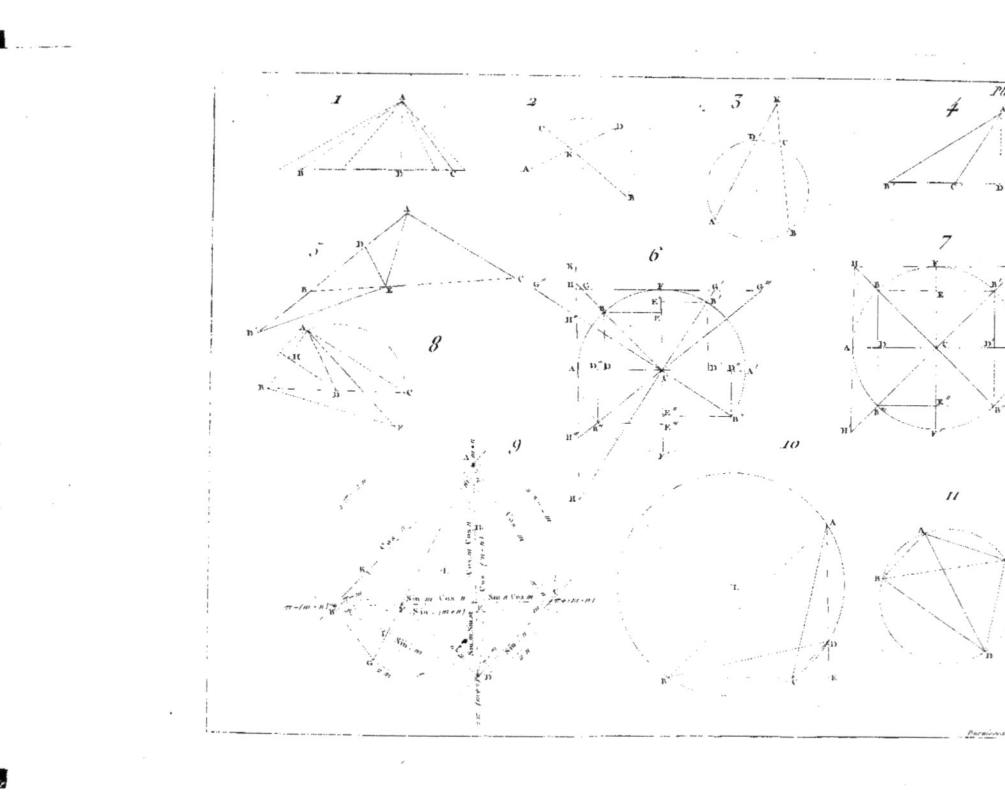

Planc
1
2
3
4
5
6
7
8
9
10
11

14 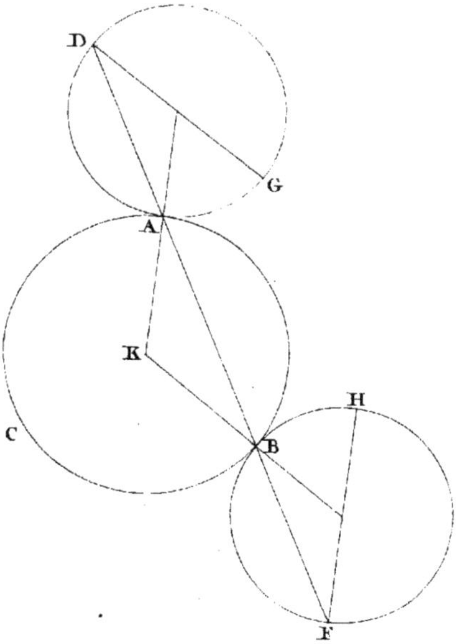 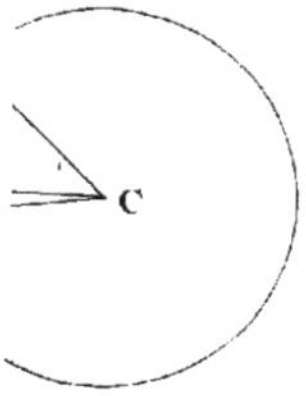
17 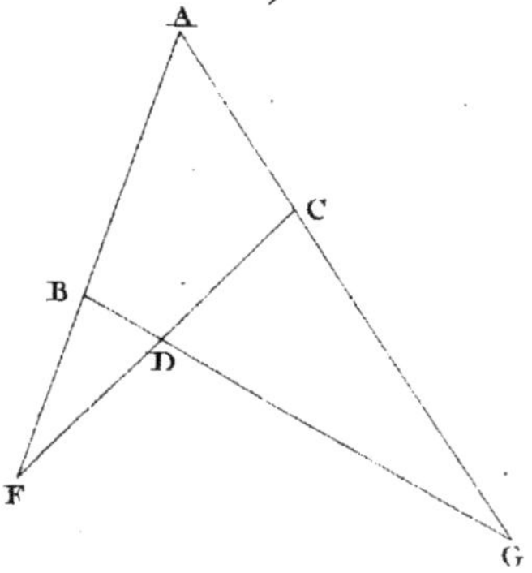
19
Puruisseau Sculp

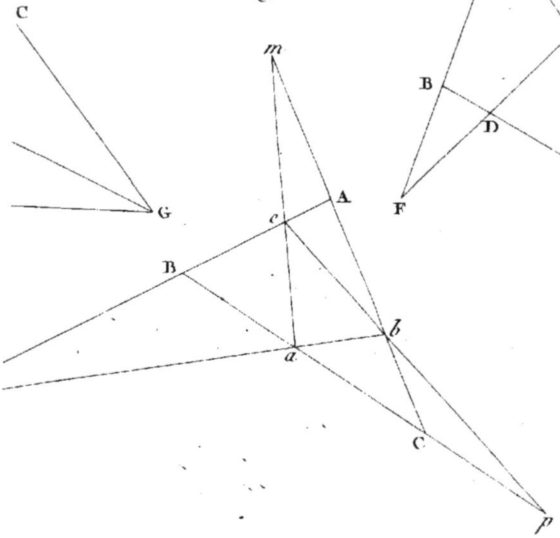

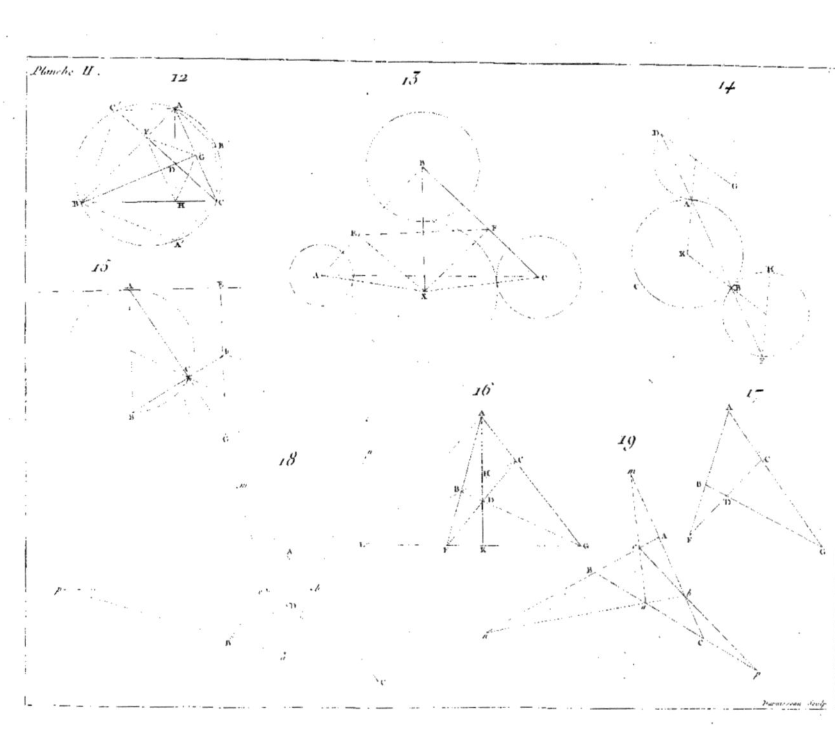

Planche II.
12
13
14
15
16
17
18
19

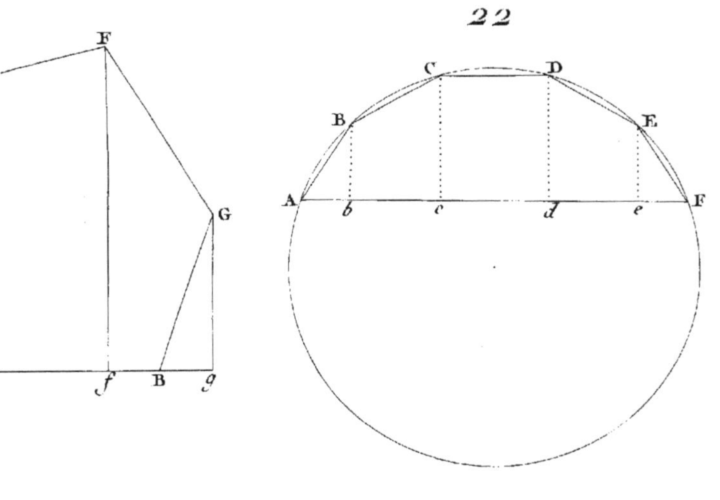

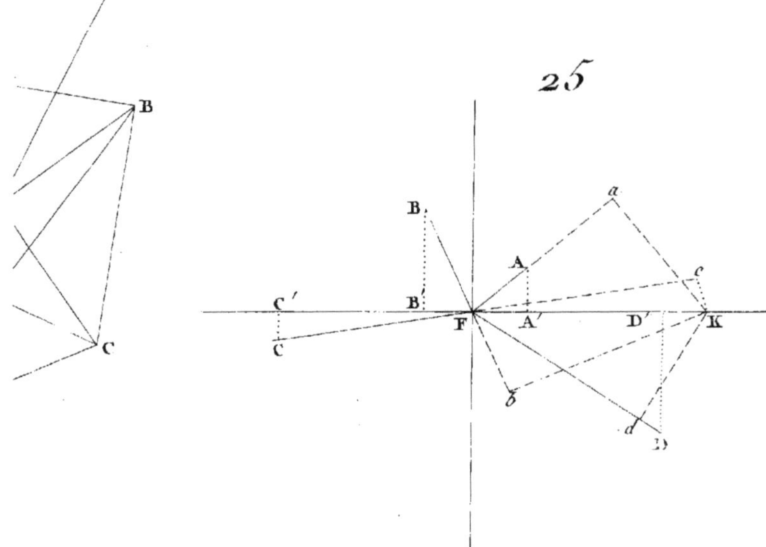

Duruisseau Sculp

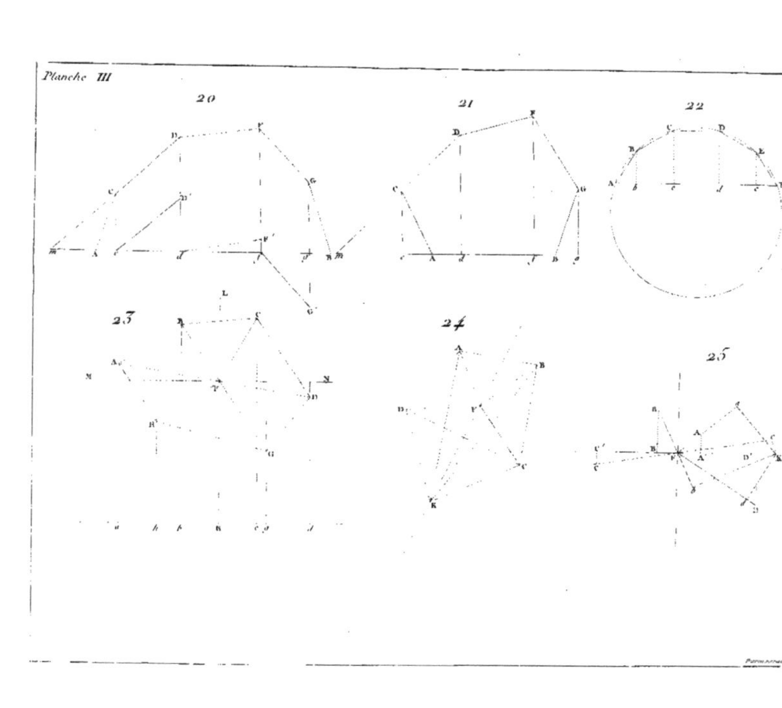

20
21
22
23
24
25

27

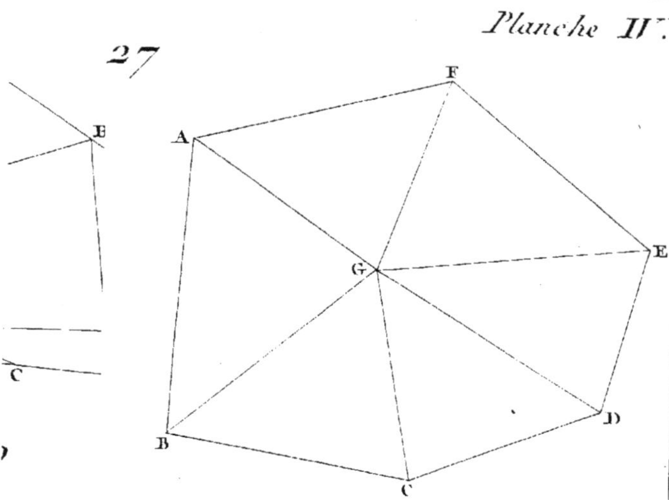

Duruisseau Sculp

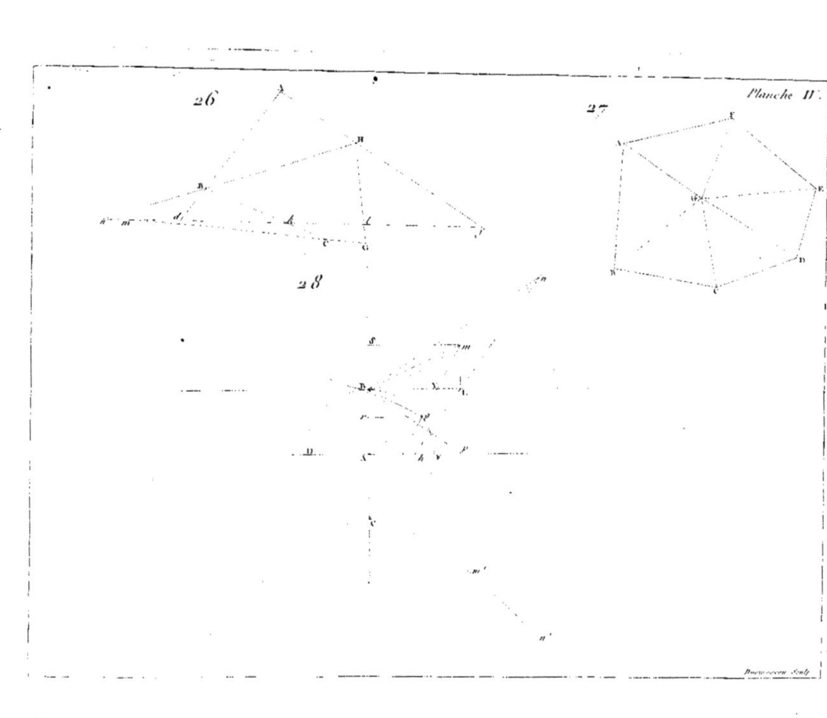
26
27
28
Planche IV.